陰陽道と平安京

安倍晴明の世界

文●川合章子　写真●横山健蔵

淡交社

●もくじ

陰陽道と平安京 安倍晴明の世界

第一章 陰陽道の黎明

第二章 神となった怨霊たち

「安部晴明の世界」参考地図

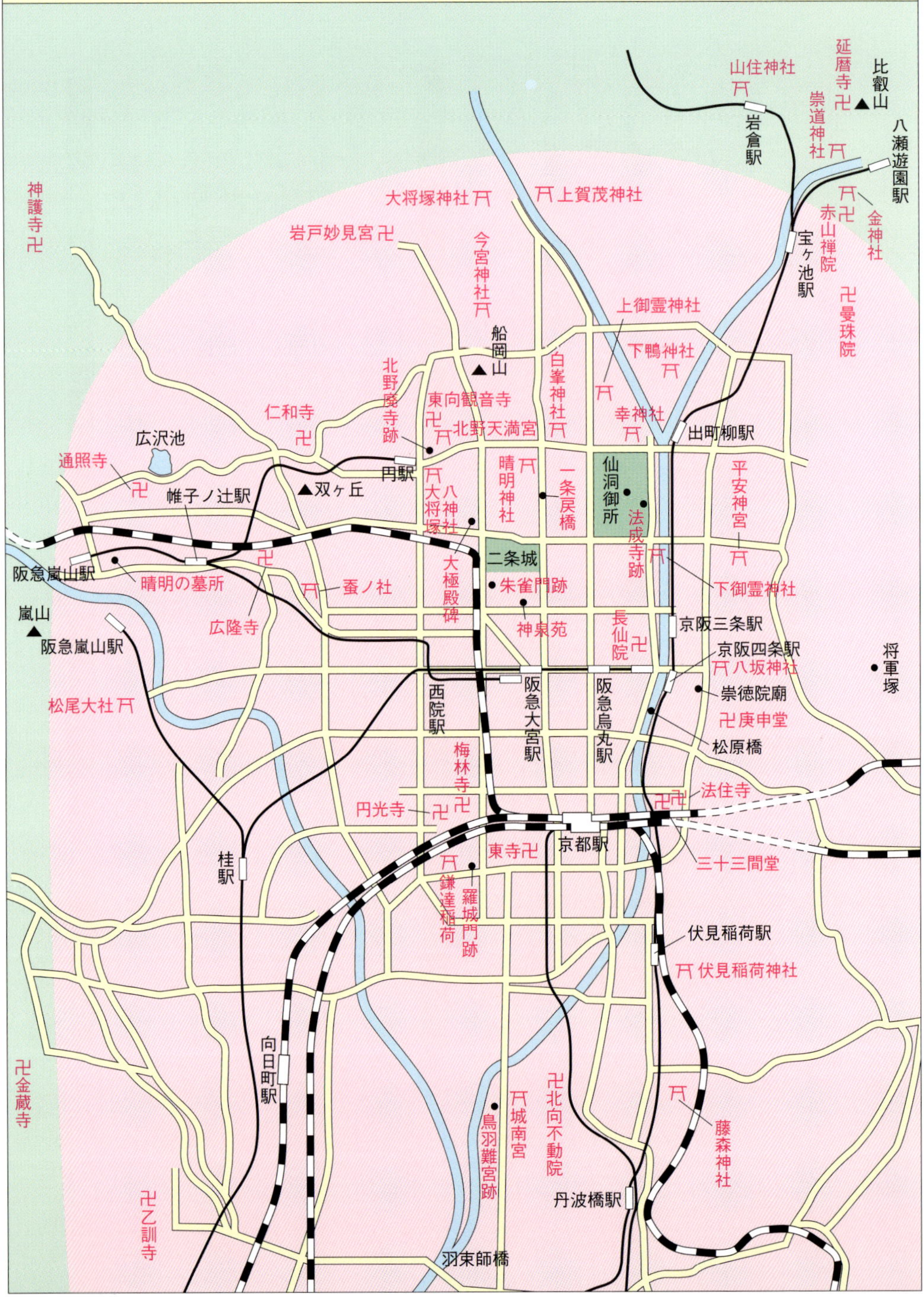

安倍晴明の世界

陰陽道と平安京

第一章　陰陽道の黎明

陽の陽なる地・太秦

奈良の飛鳥に都が置かれていた頃。のちに桓武《かんむ》天皇が平安の都を置く山背《やましろ》の地には、秦《はた》氏、賀茂氏、出雲氏など、すでに多くの地方豪族が住んでいました。特に有力な豪族であった秦氏は、松尾山、深草の稲荷山、太秦《うずまさ》周辺といった範囲に勢力を持っていました。ことに太秦の秦氏はその中でも、もっとも強力な勢力を誇る氏族でした。もともと「ウヅマサ」という名は雄略天皇のとき、秦氏の族長だった秦酒公《はたのさけのきみ》が絹を献上し、「宇豆麻佐《うずまさ》」の姓を賜ったことにはじまり、秦氏の族長を意味する言葉となったものです。そこから太秦とは「秦氏の族長が住む土地」をも意味するようになっていったのです。

太秦の地は、南に桂川が流れ、北には山々が連なっている地形です。河の北、山の南は、陰陽《いんよう》説による「陽の地」で、秦氏が、この地を本拠地として定めたとき、イメージの中に中国の洛陽があったのではなかったかと思われます。

洛陽は都の南に洛水の流れがあり、北には北芒山があり、太秦と地形的にも似ています。そもそも洛陽という呼び名自体、洛水の北の「陽の地」にある、ということを意味してつけられたものなのです。

しかも洛陽は、中国の古代理想国家の周が都を置いた場所でもあります。太秦に本拠地を置いた秦氏がたとえ直接的に洛陽を知らなかったとしても、「陰陽の調和のとれた理想都市の洛陽」のイメージを持っていたことは、じゅうぶん考えられるのです。

漢の高祖・劉邦も、項羽を敗って天下を掌握したとき、最初は周王朝を見習って洛陽に都を置こうとしました。自らの王朝が「周王朝と隆盛を比べる」ようにと願っての決定です。しかし、部下の婁敬《ろうけい》が「洛陽は軍事的に地の利を欠く」と、長安へ都を遷すよう進言したため、劉邦もこれを受け入れました。

天下に皇帝を名乗ったとき、わざわざ汜水《はんすい》の北、つまり「陽の地」を選んだほど、陰陽説にこだわりのあった劉邦も、平定されたばかりで政情不安定な現実を無視してまで、「陰陽の調和」を求めてはいられなかったのです。

蚕《かいこ》の社《やしろ》の三柱鳥居《みつはしらのとりい》

土地には、陰と陽がある。川の北は陽の地で、南は陰の地。山の南は陽の地で、北は陰の地。こういった考えは、中国の「陰陽説《いんようせつ》」をもとにしています。この「陰陽説」は、日本の「陰陽道《おんみょうどう》」が出来上がっていく上で、「材料」のひとつとなったものです。

秦氏が太秦に住んでいた頃の日本には陰陽説の考え方がすでに入っていました。けれど、それは、陰陽説や五行説を内包して発展した、中国の道教という形で取り入れられたものでした。

太秦に蚕の社と呼ばれる小さな神社があります。蚕の社は摂社の名で、正式名称は木島坐天照御魂神社《このしまにますあまてるみたま》といい、三本足の奇妙な鳥居があることで知られています。この三方面を向いた鳥居が、なんの為につくられたのか正確には解っていませんが、おそらくは秦氏が双ヶ丘、松尾山、稲荷山といった、秦氏の氏神を祭った聖地を遥拝する為に作ったのではないかと言われています。双ヶ丘には秦氏の族長らしき人物の墓である古墳があり、松尾山には秦氏の氏神を祭った松尾神社があります。また、稲荷山も秦氏が豊穣を祈願して神奈備山《かむなびやま》（神の鎮座する山の意）として崇《あが》めた山であり、頂上にはやはり秦氏のものとみられる古墳群があります。これらの聖地を毎日拝むため、族長の「太秦」が住む地に鳥居を築いたということは、十分に考えられます。

けれど、三柱鳥居が意味するものはそれだけではありません。

松尾大社の反対側の延長線上には比叡山があり、稲荷山の反対側の延長線上には愛宕山《あたごやま》がひかえています。比叡山には四明嶽《しめいがだけ》があり、これは、北明君、東明君、南明君、西明君といった道教の四明君から名づけられたものです。また、比叡は夏至の朝日が昇る山でもあります。つまり日の指す山、日枝《ひえ》の山なのです。そして愛宕山はその日が沈む山。さらに稲荷山は冬至の日が昇る山であり、松尾大社は冬至の太陽が沈む山でもあります。

つまり、蚕の社の三柱鳥居は、夏至の日の出と日没、冬至の日の出と日没を示す山を遥拝する場所でもあったのです。

誰でもカレンダーを持っている現在と違って、暦が特権階級だけのものだった古代社会において、権力者は、正しい夏至と冬至の情報を知る必要がありました。秦氏の族長もまた、一族に向かって農耕の植付けや収穫の時

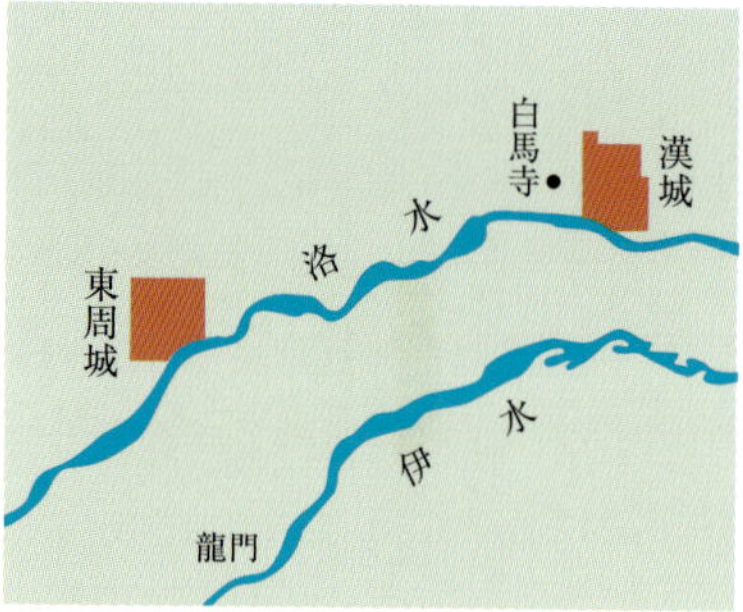

洛陽城の位置
周の洛陽城も漢の洛陽城も洛水の北の「陽の地」に置かれている。

蚕の社の三柱鳥居が示す方位

太秦の位置 太秦も桂川の北の「陽の地」にあった。

双ケ岡／右京区御室
北側の三柱鳥居から望める方向に位置する。

蚕の社の三柱鳥居／右京区太秦森ケ東町
秦氏の祖先と神を祭る三方向を遥拝する形で鳥居が組まれている。

松尾大社／右京区嵐山宮町
南西の三柱鳥居から望める方向に位置する。

稲荷山のお塚／伏見区深草薮ノ内町
南東の三柱鳥居から望める方向にある稲荷山。頂上には秦氏のものとみられる古墳群が残っている。

期を正確に告げなければなりませんでした。それは、権力者の権威を維持する為に必要な、重要なアイテムのひとつでした。つまり族長とは、「時」を掌握する者でなければならなかったのです。

さらに、こういった神々と方位が結びついて崇拝対象になるという、道教をベースにした考え方もまた、あきらかに、日本の「陰陽道」の形成に強い影響を与えたと考えられます。

聖徳太子のブレーン・秦河勝《はたのかわかつ》

日本の政治へ、はじめて積極的に「陰陽《いんよう》説」や「五行《ごぎょう》説」を取り込もうとしたのは、かの有名な聖徳太子でした。『日本書紀』の推古《すいこ》天皇十年（六〇二）十月の条に、「百済《くだら》僧・観勒《かんろく》が暦本、天文本、遁甲、方術書をもたらし、陽胡史玉陳《やこのふびとのおやたまふる》に暦法を、大友村主高聡《おおとものすぐり》に天文・遁甲を、山背臣日立《やましろのおみひたて》に方術を、それぞれ学ばせた」とあるのも、推古天皇の摂政として、裏で政《まつりごと》を司《つかさど》っていた太子の考えを反映して行なわれたものと思われます。

それ以前にも百済から陰陽道に関係する博士が渡ってきたり、テキストとなる書物がもたらされたことはありました。しかし、遁甲・方術書という、非常に陰陽道と関わりの深い書が持ちこまれたのはこれが最初ですし、また、国内の人間に学ばせようとしたのも、これがはじめてのことです。

聖徳太子は、陰陽五行説や道教、仏教といった新しい海外の科学や宗教を積極的に取りいれました。冠位十二階には、その色の選択に、五行説や道教の思想を取り入れたことが伺われますし、憲法十七条の発布《はっぷ》に、わざわざ物事が改まる甲子《こうし》の年を選んだことなど、彼の施策《しさく》のなかには、陰陽五行説と道教の影響が色濃《いろこ》く現われています。その太子のブレーンと言われたのが、山背《やましろ》の秦河勝《はたのかわかつ》という人物でした。

『聖徳太子補闕記《ほけつき》』によれば、秦河勝は、太子が、仏教崇拝に賛成派の蘇我《そが》氏とともに、反対派の物部《もののべ》氏と戦ったとき、「軍政・秦川勝（河勝）、軍を率《ひき》い太子を護《まも》り奉《たてまつ》らんと」したといいます。また、味方の士気が衰えてきたのに気づいた太子は、秦河勝に白膠木《ぬるで》（ウルシ科の落葉樹）を採って来させ、四天王像を彫ると鉾先に立て、自ら戦いの中に突入していきました。やがて激戦の中、太子の放った矢が物部の大将に命中。河勝がこの首を斬り落とし、味方は大勝利を収めたとあります。

ここで、聖徳太子の軍事顧問として、また武人として大活躍をみせる秦河勝は、北山背を本拠地にする秦氏の族長でした。

太子の仏像と広隆寺

推古十一年（六〇三）十一月一日。冠位十二階が制定される、わずか一ヶ月前のこと。聖徳太子は、諸大夫たちにむかって「私は尊い仏像をもっている。誰かこれを祀《まつ》る者はいないか」と問いかけました。その時、真っ先に前に進んで「わたくしが、お祀り致しましょう」と答えたのが秦河勝でした。そして、その仏像を安置するために山背に造ったのが、蜂岡寺《はちおかでら》だったといいます。この蜂岡寺こそが太秦の広隆寺であり、河勝が太子からもらった仏像が国宝第一号に指定された弥勒菩薩《みろくぼさつ》像だと言われています。

もっとも、蜂岡寺については広隆寺ではなく、もっと北東にあった北野廃寺ではないか、などという異説もありますし、弥勒菩薩についても太子が与えたものではないという説もあります。しかし、太秦を本拠地とする秦氏の族長である河勝が聖徳太子と深い関わりを持ち、その仏像を秦氏の氏寺のひとつに安置したのは間違いのない事実であったと思われます。

道教の神々を信奉していた秦氏が仏像を祭るのは一見おかしいようですが、道教というのは人も仏も関係なく、あらゆるものを取り込んで進化発展していったかなりアバウトな宗教なので、秦氏も新しい神（仏）が増えたと感じた程度で、さほどの違和感は持たなかったのではないでしょうか。

このように、道教というのは陰陽五行説がベースにあること、いろんなものを取り込んで発展していったこと、など、日本の「陰陽道」と、よく似た経緯をたどって発展していったものです。なので、のちの平安京の陰陽師たちが、こうした道教を規範にして「陰陽道」の勢力拡大を図ったのだとしたら、ヤヤコシクなって当然という気がしないでもありません。実際、「陰陽道」が祭りの対象とする神々や、その祈祷《きとう》の方法などには、道教とまったく同じものも、数多くみられるのです。

国家機関となった陰陽道《おんみょうどう》

大海人皇子《おおあまのおうじ》が、壬申《じんしん》の乱で勝利して、天武天皇となっ

聖徳太子ゆかりの太秦・広隆寺／右京区太秦蜂岡町
秦河勝《はたのかわかつ》が聖徳太子から賜わった仏像を納めるために作った寺といわれる。

北野廃寺跡／北野白梅町交差点北東
秦氏の仏像が納められたのは、この寺だったという説もある。

聖徳太子像／庚申堂蔵　東山区八坂通り
太子は日本に積極的に「陰陽五行説」や「道教」「仏教」を取り入れた先駆者だった。

たのが六七三年です。この頃の「陰陽《いんよう》」という言葉は、ほとんど「占い」と同義語でした。「陰陽を能《よ》くする」というのは、「占いが上手で、よく当たる」という意味で使われていたのです。

しかし、この「陰陽」が現在の私達がイメージする「占い」と大きく違っているのは、それが使用されるシチュエーションと、その占いの結果による影響力の大きさです。

この頃の「陰陽」は、主に天皇陵を造るときや、都の建設をするときの土地の良し悪しを観たり、怪異や瑞兆の意味を占うときのみに用いられ、個人に関して用いられることはありませんでした。つまり、国家と施政者《しせいしゃ》の専用だったのです。

なかでも怪異や天変は、天が施政者の失政を叱責《しっせき》するものと考えられていたため、その占いの結果は重大な影響を及ぼすものでした。良い結果が出ればいいのですが、誰かが勝手に「陰陽」を行って、

「この怪異は、天皇の政治が悪い所為《せい》だ」

と結果を出せば、天皇を退位させて新しい天皇を擁立しよう、という事態にもなりかねません。

まさに天皇にとっては、反体制側に渡すと恐いアイテムです。

そこで天武天皇は、「陰陽」を政治制度の中に組み込み、国家で独占してしまおうと考えました。陰陽寮を作り、そこに属する役人以外は、「陰陽」を学ぶことも使うことも禁止してしまったのです。

こうしてできた陰陽寮《おんようりょう》の人数は、陰陽頭《おんようのかみ》が一名。その下に陰陽助《おんようのすけ》、権助、大允《だいじょう》、少允、大属《だいさかん》、少属が各一名づつ。「陰陽」の教育を主な職務とする、陰陽博士が一名。その博士について「陰陽」を学ぶ生徒である、陰陽生《おんようしょう》が十名。この他に、別枠で占いを専門に行う陰《おん》陽師《ようし》が六名。暦作りと暦に関しての教育を担当する、暦博士が一名。暦作りを学ぶ生徒の暦生が十名。天文観測を行い、それに関して教えもする天文博士が一名。天文観測の技術や知識を学ぶ、天文生が十名。時刻を司る漏刻《ろこく》博士が一名。時計を管理する守辰丁《しゅしんてい》が二十名。その他、雑用係の使部が二十名と直丁が二名となっていました。

これは、唐の律令制度をモデルにしたと言われていますが、しかし、唐のものと比べてみると、かなり変則的なものです。

唐の律令制度で、占いは、天文や暦や時刻と、まった

く別の部署に属していました。中国では、天の星々の変動は、そのまま地上の政治世界に反映されると考えられていましたから、日蝕や月蝕、彗星《すいせい》の登場などは、政治を揺るがす大事件となったのです。これらを事前に知り対策を考える為にも、天文観測は施政者にとって重要なものでした。つまり、中国で最も重視されていたのは天文だったのです。また、そうした高度な天文観測の結果、正しい暦も作られるようになりました。

しかし、日本では中国ほど精度の高い天文観測機器もありませんでしたし、天変を事前に知って対処しようというより、その結果どうしたらいいのかという事の方に、より関心の重点が置かれていました。職務に天文や暦作りを含んでいるのに、全体名称を「陰陽寮」と名付けたことからみても、あるいは占いを教える陰陽博士の他に、わざわざ占いを専門に行う陰陽師を、別枠で六名も加えていることからもわかるように、日本では「陰陽」つまり「占い」こそが大切だったのです。

けれど、このとき陰陽寮に天文や暦までもを組み込んでしまったことが、のちに、本来「陰陽」とは別物のハズの天文や暦をも、占いと合体させることになってしまうのです。

僧侶から陰陽師へ

天武天皇が陰陽道を国家に取り込むまでの間、「陰陽」に長《た》けた者といえば、ほとんどが僧侶でした。これは、遣唐使として唐に渡り最新の文化を吸収した者に僧が多かったことや、彼らがもたらした文化や書に僧侶が触れる機会が多かったということから、ある意味で当然のことでした。

しかし、その後、和銅《わどう》年間から天平《てんぴょう》年間にかけて、多くの僧が勅命によって還俗《げんぞく》させられ、陰陽寮の官僚になるという現象がおきています。これは、ひとつには陰陽道を国家が独占する為に、陰陽道に長《た》けた者を民間に放置しておけなかったからです。つまり、僧というのは比較的自由な立場で体制に取り込みにくいことから、官僚化して国家統制をしやすくしようと考えたのでしょう。もうひとつには僧だと結婚できないので、結婚して子孫に知識や技能を受け継がせるためでもありました。つまり、陰陽道のノウハウを日本に定着させようという狙いだったのです。

こうして還俗した者の中には、「太一、遁甲、天文、六壬式《りくじんしき》、算術、相地を能《よ》くする」として陰陽師になっ

都の四方を守護した岩倉

金蔵寺の岩倉／西京区大原野石作町
桓武天皇が西の守護のために経を納めたとされる。

石清水八幡宮／八幡市八幡高坊
桓武天皇が経を納めた南の岩倉があった場所とされる。

山住神社の岩倉／左京区岩倉西河原町　北の岩倉。神坐す巨石がそのまま残る。

た高金蔵や、「周易経、檪筮《ちょうぜい》、太一、遁甲、六壬式、算術、相地を能くする」と、陰陽博士になった録兄麻呂《ろくえまろ》など、有能な人材が数多くいました。

陰陽寮《おんようりょう》という陰陽道《おんようどう》の枠組みが定まり、有能な人材が集められたこの時期は、「陰陽道《おんみょうどう》」の基礎が定まった時代といえるでしょう。

桓武天皇が夢みた平安の都

平安末期に書かれた『拾芥抄《しゅうがいしょう》』（有職故実に関する事典）には、「大内裏《だいだいり》　秦《はた》ノ川勝《かわかつ》宅」という記載があります。実際には秦氏が本拠地を置いた場所より、平安京は少し東に位置しているのですが、おおまかに見れば秦氏が築いた町の上につくられたと言ってもいいでしょう。つまり、道教的にみてすでに平安京は、「理想的な吉地」にあったワケです。

しかし、長岡京から平安京へ都が遷《うつ》された、延暦《えんりゃく》十三年（七九四）の十一月八日に桓武天皇は、

「此《こ》の国は山河襟帯《さんがきんたい》にして、自然に城を作《な》す。斯《こ》の形勝《けいしょう》に因《ちな》みて、新号を制すべし。宜《よろ》しく山背国を改めて、山城国となすべし。また子来《しらい》の民、謳歌《おうか》の輩《やから》、異口同辞《いくどうじ》し、号して平安京と曰《もう》す」

と、詔《みことのり》を発しています。

どうも彼は、奈良から見て山の北にある地、つまり「陰の地」であることを表わす「山背」という名が気に入らなかったようです。それで、ことさらに詔して「山背」を「山城」に変えるなどと表明したのでしょうね。

四神相応《ししんそうおう》の地

平安京は四神相応の地だと言われています。北の船岡山《ふなおかやま》が玄武《げんぶ》にあたり、東の鴨川が青龍《せいりゅう》にあたり、そして、南の巨椋池《おぐらいけ》が朱雀《すざく》、西の山陽・山陰道が白虎《びゃっこ》にと、それぞれ四方を守護神である聖獣に守られた地であるというのです。

でも、中国の道教における「四方、神にかなう」地はかならずしも北に山があり、東に河が流れ、西に道が通り、南に池がある場所を指している訳ではありません。むしろ、四方を山に囲まれていることが多いのです。山の中にある龍脈《りゅうみゃく》の気《パワー》が、中央の盆地に流れこんでくるような地形こそが、「理想的な吉地」だからです。

けれど、平安京が「四神相応の地」というのも、嘘で

はありません。北には船岡山から北山に至る山々があり、東には東山連峰が、西には愛宕山、嵐山、松尾山といった西山が続いています。南には巨椋《おぐら》池があるばかりで山はありませんが、これは山朱雀《やますざく》に対して水朱雀と呼ばれ、決して悪い地相ではないからです。

つまり平安京は三方の山にそれぞれ玄武、青龍、白虎といった守護神が鎮座し、南の池に朱雀が宿り、中央の黄龍にむかって気のパワーを注ぎ続ける、実に五行にかなった「吉の地」だったのです。しかも中央の守護神である黄龍は、皇帝そのものを意味する聖獣でもあります。四方の守護神・四神は平安京という都だけでなく、そこに居《い》ます天皇をも守っていることになるのです。桓武天皇が「此の国は山河襟帯にして、自然に城を作す」と喜んだのも無理はありません。

しかし、桓武天皇はこの「吉の地」をさらにパワーアップするため、都の東西南北の四方にある岩倉《いわくら》にそれぞれ経を納めさせました。それが、洛北岩倉の岩座大明神（現在の山住《やまずみ》神社）、洛東岩倉の東岩倉寺（現在は残っていません）、洛西岩倉の金蔵寺《こんぞうじ》、洛南岩倉の石清水《いわしみず》八幡宮（異説もあります）でした。

シンメトリーな都・平安京

平安京は、左右対称の実にシンメトリーな形をしています。これは中国の長安をモデルにしたとも言われていますが、実際の漢代の長安は南に、隋・唐の長安も北に出っ張りがあって、完全な左右対称形ではありません。

これに対して平安京は、南中央の羅城門からまっすぐ北に朱雀大路が続き、街はその左右に同じサイズの縦長な長方形で広がっています。そこへさらに、東市と西市、東寺と西寺が、それぞれキチンと左右対称の場所に配置され、見事なまでにシンメトリーな都市となっています。これこそ、陰陽説が唱える陰と陽の二元が相対し合《あ》いながら、美しい調和を保つ理想の形といえるでしょう。

しかし、これはあくまで計画上のこと。実際の平安京はキチンとした左右対称の都市だったことはありません。桓武天皇の在位期間は、都造りは完成していませんでしたし、その後も、西の京は洪水などに見舞われて、完全に整備されないまま放置されてしまったからです。

けれど、シンメトリーな都市計画は、陰陽合《あ》い交わる完璧《かんぺき》な都にしたいという、桓武天皇の強い願いのあらわれでもあったのです。

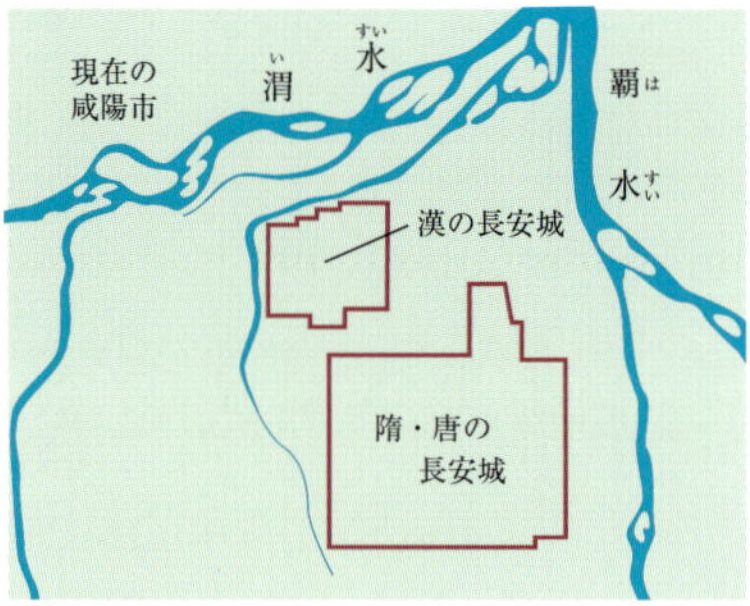

長安城の図
実際の長安城は左右対称ではなかった。

平安京の正面玄関である羅城門。（模型）／ぱるるプラザ京都蔵

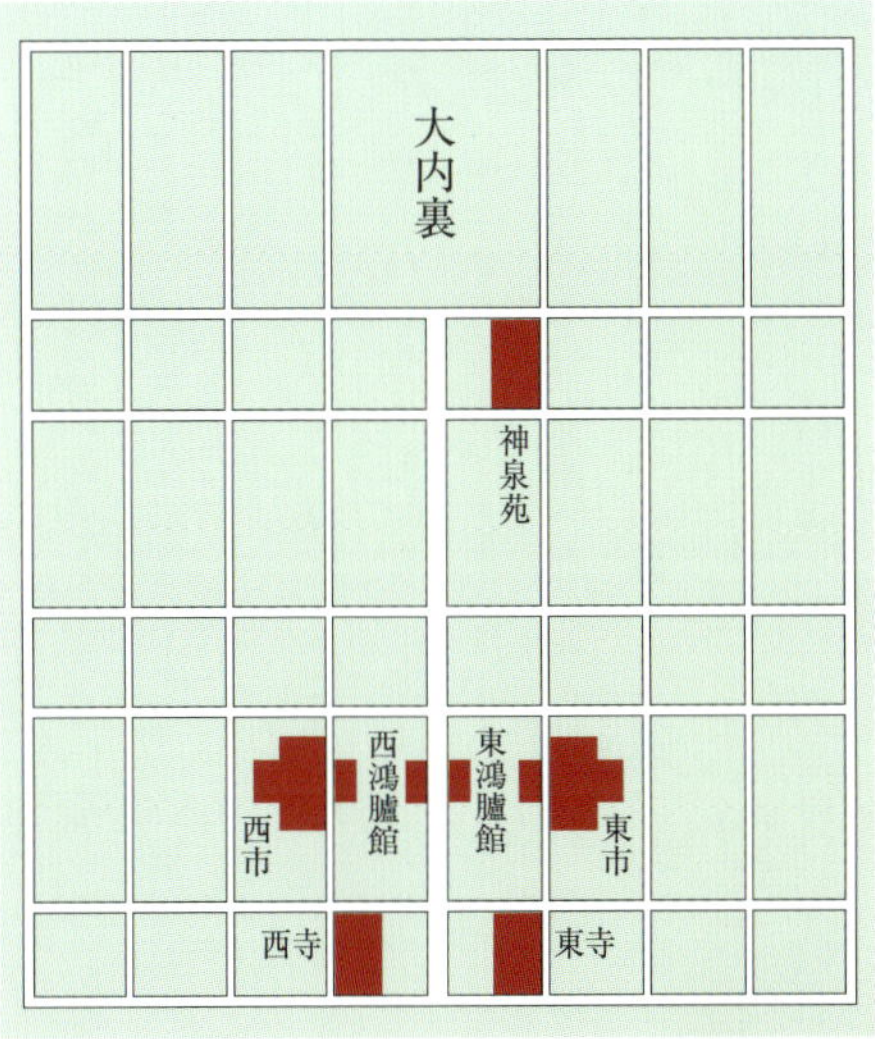

平安京図
東寺と西寺、東市と西市などが、左右対称に配置されたシンメトリーな都であった。

大内裏《だいだいり》に施《ほどこ》された呪《しゅ》

平安京全体は桓武天皇が生きているうちに完成しませんでしたが、政治の中心部である大内裏はほぼ出来あがっていました。

平安京の北の中央、つまり羅城門から朱雀大路を北に上がっていった突きあたり、朱雀門を入った一帯が、大内裏、現在で言う官庁所在地になります。なぜ、都の北の端に政治の中枢《ちゅうすう》を置いたのでしょう。ここにも、桓武天皇の「理想の都」への願いが込められていました。

陰陽道のテキストとしても用いられた『周易』の「説卦伝《せっかでん》」には、「離《り》なるものは明《めい》なり。万物皆な相《あ》い見る。南方の卦《か》なり。聖人南面《なんめん》して天下に聴き、明に嚮《むか》いて治《おさ》む。蓋《けだ》しこれを此《ここ》に取るなり」とあります。つまり、聖人が君位につけば、南に向かって座り、天下の政治を聴き、明るい方に向かって治めるものだ、と言っているのです。

理想の都で理想の政治を行なおうとした桓武天皇は、きっと自らを聖人になぞらえ南面して政治に臨《のぞ》もうとしたのでしょう。

さらに大内裏の中には、「宴《えん》の松原《まつばら》」と呼ばれる奇妙な空《あ》き地があります。もっとも平安京が出来た当初からそう呼ばれていたわけではなく、ここは、おそらく内裏の移転のために用意された場所だったのではないかと考えられています。

つまり、天皇の住居である内裏は、何年かに一度取り壊されて新しくすべきだという考え方が、この頃には色濃く残っていたからです。現在でも伊勢神宮などではこの頃の風習が残っていて「式年遷宮《しきねんせんぐう》」という神殿の移動が行なわれています。

建物の破壊と新設は、その主である天皇の死と再生をも意味していました。「死と再生」の疑似体験によって、新しい生命と身体を授《さず》かるというモチーフは、古代のシャーマニズムなどの中によく見られますが、平安京の「宴の松原」が陰陽道や道教と直接の関わりがあったのかどうかは定かではありません。

けれど、新しい命を生み出すために用意された地は、その後ながく放置され、荒れ果てて鬼が出没して人を食らうような、無気味な場所へと変貌《へんぼう》していきます。桓武天皇が知ったら、きっと悲しんだことでしょう。

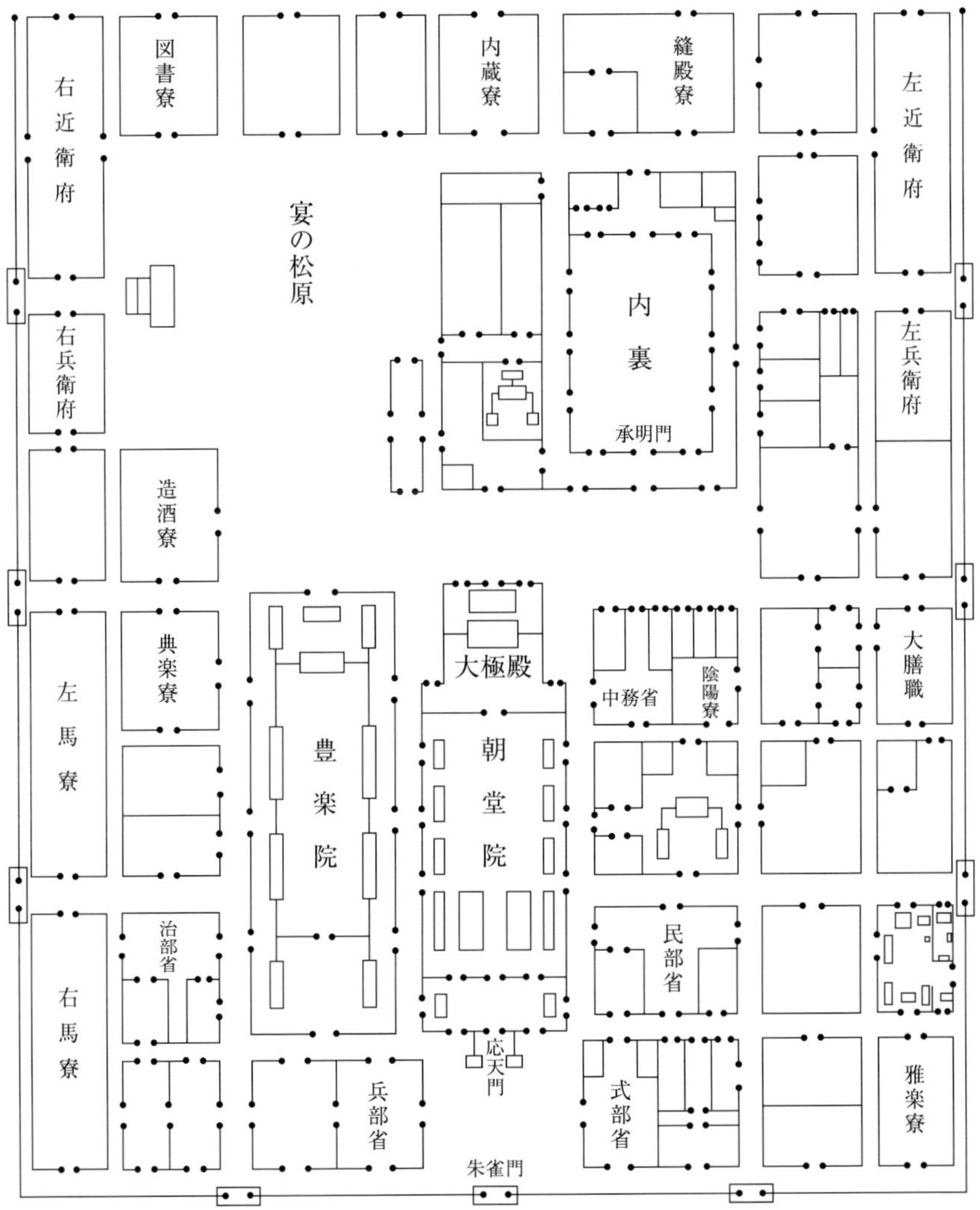
右近衛府
図書寮
内蔵寮
縫殿寮
左近衛府
宴の松原
内裏
右兵衛府
左兵衛府
承明門
造酒寮
典楽寮
大極殿
中務省
陰陽寮
大膳職
左馬寮
豊楽院
朝堂院
治部省
民部省
右馬寮
応天門
兵部省
式部省
雅楽寮
朱雀門

大内裏図

大極殿跡の碑／上京区千本丸太町上る
朝堂院の北に位置していた大極殿跡。現在の国会議事堂にあたる。

朱雀門跡の碑／上京区千本押小路
羅城門が平安京への正面玄関なら、朱雀門は大内裏（官庁所在地）への入口にあたる。

平安神宮・大極殿／左京区岡崎西天王町
平安京の大極殿を八分の五サイズのスケールで復元したもの。

第二章 神となった怨霊たち

怨霊は日本のオリジナル

怪異や天災は施政者《しせいしゃ》への天の叱責《しっせき》である。これは中国の考え方で、推古天皇の頃に日本へも入ってきました。

本家の中国の場合、怪異や天変の原因は天の叱責とハッキリしていますから、占う必要などありません。政治を行なうものがすぐに悪い行為を改めれば良かったのです。

しかし、日本では、「天」という概念が中国ほど強くありません。

そこで日本の施政者たちは、怪異や天変の原因には神の怒りだけでなく、怨霊の祟《たた》りや、鬼や物怪の悪さなど様々なものがあると考えたのです。神気《しんき》による訴えなら、その神社に奉幣《ほうへい》する必要がありましたし、怨霊なら僧による加持《かじ》を行わなければなりません。鬼や物怪なら陰陽師《おんみょうじ》による祓《はら》いが必要など、その対処の仕方もそれぞれ異なっていました。

こうした日本独自の考え方が一般化する中で、陰陽師の活躍の範囲も、どんどん広がっていったのです。

特に、怨霊という、日本オリジナルの怪異の原因が生まれた背景には、桓武天皇の早良《さわら》親王の祟《たた》りに対する恐怖というものがありました。

桓武《かんむ》天皇を呪った早良《さわら》親王

桓武天皇が長岡京に遷都を強行してから、わずか一年後の延暦四年（七八五）九月二十三日。長岡京の建設総指揮官であった藤原種継《たねつぐ》が、何者かによって暗殺されるという大事件が起きました。当然、犯人は遷都に反対するものに違いないと考えられ、捜査が行なわれました。そして、捕らえられた犯人、左少弁《さしょうべん》・大伴継人《おおとものつぐひと》、春宮少進《とうぐうしょうじょう》・佐伯高成《さえきのたかなり》らが、思わぬ自供をしたのです。

「故中納言の大伴家持《おおとものやかもち》が陰謀を企て、大伴氏と佐伯氏に種継を除《のぞ》くよう命じたのです。このことは皇太子にも申し上げ実行に及びました」

こうして皇太子の早良親王は、桓武の遷都に反対する勢力の首謀者の一人とみなされ、皇太子位を剥奪《はくだつ》されると乙訓寺《おとくにでら》に幽閉されました。早良親王は、ハンガーストライキをして無実を訴えましたが、桓武天皇は聞き入れず淡路に流されることが決定されます。体力が衰えていた親王は途中の淀で息を引きとってしまいますが、それでも桓武は許さず、そのまま遺体を淡路に流し埋葬《まいそう》させたのでした。

早良親王は幼くして出家し、「親王禅師《ぜんじ》」と呼ばれる僧でした。奈良の大安寺に住み東大寺の造営にも関与していたといわれ、東大寺に対して強力な発言力を持っていました。それが桓武天皇の即位とともに還俗《げんぞく》して、皇太子となったのが三十二歳のときでした。早良親王が壮年で、しかも母を同じくする弟が皇太子になったことは、天皇の桓武にとっても力強い味方を得たと感じられたに違いありません。

桓武天皇は本来なら天皇になれる人ではありませんでした。父親の白壁王《しらかべおう》が光仁《こうにん》天皇となったとき、次期天皇として皇太子の座に坐ったのは、天智系の血を引く井上内親王を母に持つ他戸《おさべ》親王でした。それを藤原百川《ももかわ》とともに陰謀によって引きずり落とし天皇となったものの、彼の政権地盤は非常に不安定なものでした。

まず母親の出自《しゅつじ》の問題があります。高野新笠《たかののにいがさ》は渡来系の和史乙継《やまとのふびとおとつぐ》の娘であり、皇族でも藤原氏でもありません。このことが桓武の天皇としての血統の正統性を疑問視する声ともなり、即位の翌年にはやくも氷上川継《ひかみのかわつぐ》の謀反《むほん》事件となってあらわれます。

血統にコンプレックスを持つ桓武天皇にとって、高野新笠が生んだ早良親王が皇太子となることは、この血を持つものが以後ずっと皇位に連《つら》なるのだと、天下に知らしめる意味をも持っていたことでしょう。

しかし、兄と弟の蜜月は長くは続きませんでした。兄弟として二人の仲がよかったのか悪かったのか、残された資料はありません。けれど、次期政権を担《にな》う予定の皇太子という存在は、現政権を握る天皇の政策に反対する者たちにもっとも担《かつ》ぎ上げられやすい地位でもありました。

長岡京遷都とともに寺院の移転や新造を禁止した桓武天皇の政策に、強い反感を抱いていたに違いない東大寺。そして、それに近しい関係にある早良親王。早良親王は遷都反対派が担ぎ上げるのに絶好の人物だったのです。

早良親王が藤原種継の暗殺にどれほど関わっていたのか、あるいは、まったく関わっていなかったのか、今となっては知る由もありません。けれど、餓死してまで無実を訴えた彼の魂は怨霊となって、その後の桓武天皇を脅《おびや》かすことになるのです。

　まず最初は延暦七年（七八八）五月四日、藤原百川《ももかわ》の娘で桓武天皇の夫人であった藤原旅子《ふじわらのたびこ》が死亡します。十月には長岡京が激しい雷と暴風に見舞われました。さらに延暦八年（七八九）七月七日には美作女王《みまさかのじょうおう》が死亡。同年十月二十九日には、命婦《みょうぶ》の大原室子《むろこ》が亡くなります。そして十二月二十八日には、桓武天皇と早良親王の母親である高野新笠までもが病死してしまいます。さらに翌年閏《うるう》三月十日に、皇后の藤原乙牟漏《ふじわらのおとむろ》が死亡。七月二十一日には、夫人の坂上又子《さかのうえのまたこ》も死亡し、日照りや飢饉、天然痘の流行なども起こりました。なにより桓武天皇を不安がらせたのは早良親王にかわって皇太子位についた息子の安殿《あて》親王の病気でした。

　延暦十一年（七九二）、ついに天皇が、皇太子の病気の原因を陰陽師に占わせてみたところ、結果は「早良親王の祟《たた》り」と出ました。桓武天皇はただちに淡路に使者を送り、早良親王の墓を整備させるとともに祭りを行ない、その魂を鎮めようとします。けれど、その後も地震が起こり皇太子妃の藤原帯子が死亡するなど、早良親王の祟りが原因と思われる凶事は続きました。

　そのため、桓武天皇は長岡京を捨て遷都《せんと》せざるを得なくなったのです。

　そして、都が平安京に遷《うつ》ってから六年後の延暦十九年（八〇〇）七月、桓武天皇はついに早良親王に追称して崇道《すどう》天皇の名を贈りました。さらに、淡路の御陵《みささぎ》に陰陽師と僧を派遣し、鎮謝の祭りを行なわせたのです。けれど、早良親王の怨霊はそれで静まることはありませんでした。

神泉苑の御霊会《ごりょうえ》に祭られた六怨霊

　貞観《じょうかん》五年（八六三）。神泉苑で、大規模な御霊会が開かれました。おりしも都には「咳《がい》」という疫病が広まり、地方は凶作に見舞われて庶民たちを苦しめていました。これが誰いうともなく怨霊の祟りだと噂《うわさ》されるようになり、朝廷でも無視することが出来なくなってきました。そこで、当時民衆の間で流行していた御霊会という形で、怨霊鎮《しず》めを行い、広く庶民にアピールしようとしたのです。

　このとき祭られた怨霊は崇道《すどう》天皇（早良《さわら》親王）、伊予親王、藤原吉子《ふじわらのよしこ》、藤原仲成、橘逸勢《たちばなのはやなり》、文屋宮田麻呂《ふんやのみやたまろ》の六霊でした。

桓武天皇と早良親王の関係図

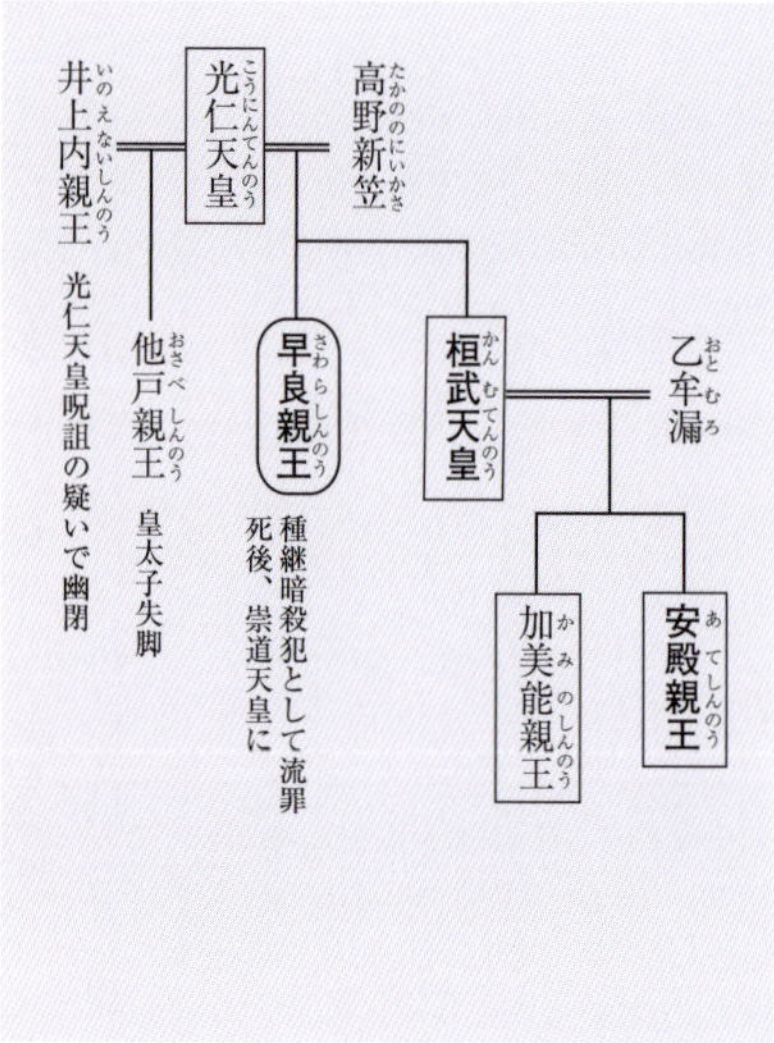

乙訓寺／長岡京市今里弘野
ここに早良親王は幽閉され、ハンガーストライキをして無実を訴えた。

崇道神社／左京区上高野西明寺山
都にあって早良親王のみを祭神とする唯一の神社。今でも祭りの際には早良親王の祟りが起こるという。

桓武天皇に崇道天皇の追号を受けてから六十年以上経っても、早良親王の怨みは治まらなかったとみえます。

　では、他の五人は一体どんな怨みを持って怨霊となったのでしょう。

　伊予親王は桓武天皇の後を継《つ》いで天皇となった、安殿《あて》親王（平城天皇）の異母弟にあたります。伊予親王の母親は藤原吉子《ふじわらのよしこ》、つまり桓武天皇の夫人で、位からいえば安殿親王や、その弟の賀美能《かみの》親王を生んだ皇后の藤原乙牟漏《おとむろ》の下になります。

　とはいえ、伊予親王も賀美能親王に次いで、三番目に皇位継承権を持つ人物ではあったのです。

　やがて桓武天皇が亡くなると、延暦二十五年（八〇六）五月十八日、安殿親王が大極殿にて即位し平城《へいぜい》天皇となりました。同母弟の賀美能親王が皇太子となり、年号も大同《だいどう》と改められます。まずは、順当で平穏な皇位継承が行なわれたといえるでしょう。

　しかし、翌年の大同二年（八〇七）十月、吉子の兄・藤原雄友《ふじわらのおとも》が「藤原宗成《むねなり》が伊予親王に謀反《むほん》を勧《すす》めている」という噂を聞きます。驚いた雄友は右大臣の藤原内麻呂《うちまろ》に相談し、内麻呂から事情を聞いた伊予親王も慌《あわ》てて、噂を打ち消すべくその経緯を平城天皇に奏上し、釈明するとともに自身の無実を訴えました。

　ところが、朝廷に捕らえられた藤原宗成は、

「謀反の首謀者は、あくまで伊予親王でございます」

という主張を、頑として変えようとしません。

　怒った平城天皇は安倍兄雄《えお》や巨勢野足《こせののたり》に命じ、兵百五十人でもって伊予親王の屋敷を包囲させ、一緒にいた藤原吉子ともども大和の川原寺に幽閉してしまいました。そして六日後、母子は毒をあおいで自殺してしまったのです。毒を盛られて殺された、という説もあります。

　ともかく、次期政権を担《にな》える高位にあるものが、権力者に謀反の濡《ぬ》れ衣《ぎぬ》を着せられ流罪《るざい》となって死亡するという点では、早良親王の死と非常に似ています。そのためか二人は「祟りなす怨霊」となり、天皇や貴族たちを脅かしました。

　承和《じょうわ》六年（八三九）、神泉苑の御霊会が行なわれる二十四年前、すでに「祟りがあったため」として伊予親王は一品《いっぽん》（親王の位階の第一位）の位を追贈され、吉子には従二位が贈られています。祟りの内容は記録として残されていませんが、よほど天皇や貴族たちを震撼《しんかん》させる「祟《たた》り事件」が起こったのでしょう。

　神泉苑の御霊会でも祀られている所をみると、二人の

崇りは治まることなく続いていたに違いありません。

藤原仲成と薬子の乱

藤原仲成《なかなり》は平城天皇の愛人として知られる藤原薬子《ふじわらのくすこ》の兄で、長岡京で暗殺された藤原種継《たねつぐ》の長男でもありました。さらに彼は伊予親王を死に追いやった藤原宗成を、陰で操っていた人物だともいわれています。

父親が生きていれば出世も思うままだったはずの若者は、父の死という不慮《ふりょ》の事故によって、官位昇進への道を閉ざされてしまいました。しかし、チャンスは思わぬところから巡《めぐ》ってきます。藤原縄主《ただぬし》に嫁いでいた妹の薬子が、娘の帯子の皇太子妃入内《じゅだい》にともなって後宮《こうきゅう》に入り、なんと皇太子の安殿《あて》親王の寵愛を受けるようになったのです。もっとも、この時は、桓武天皇によって二人の仲は引き裂かれるのですが、桓武が死に安殿親王が平城天皇となるや、薬子は再び、天皇の寵愛《ちょうあい》をほしいままにする身となったのでした。

この妹の後押しもあって、仲成は平城天皇の時代に左兵衛督と右大弁を兼任、さらには観察使となり、右兵衛《うひょうえ》督《のかみ》と大蔵卿を兼任するなど異例の出世を遂げます。

しかし、もともと病弱だった平城天皇は在位わずか三年で天皇位を弟の賀美能《かみの》親王に譲ってしまい平城京へ移り住みました。ここに、平安京の嵯峨天皇と、平城京の平城上皇という二重の政府が誕生することになります。

平城天皇あればこそ仲成の出世もありました。そこで仲成はたびたび上皇に重祚《ちょうそ》(いったん位を退いた天皇が、ふたたび位につくこと)するよう訴えます。怨霊の恐怖から病気がちだった上皇も、譲位して元気になると手放した政権への未練もでてきます。

弘仁《こうにん》元年(八一〇年)九月六日、なんと上皇は平安京を廃して平城京を都とするようにと命令を発したのです。驚いた嵯峨天皇サイドでは、薬子の尚侍《ないしのかみ》の官位を剥奪《はくだつ》し仲成も左遷しました。これに怒った上皇は、自ら東国へ行って兵を集め、反天皇の兵を挙げようと薬子とともに平城京を出発します。しかし、大和の添上郡越田村で待ちうけていた嵯峨天皇の兵によって行く手を塞《ふさ》がれ、やむなく平城京へ戻ったのでした。

こうして、平城上皇は出家し薬子は自殺、仲成は捕らえられて処刑されるという形で、後に「薬子の乱」と呼ばれる内乱は収束しました。しかし、古代最後の死刑執行が藤原仲成の怨霊という、思わぬ副産物を生む結果と

五怨霊の人物関係図

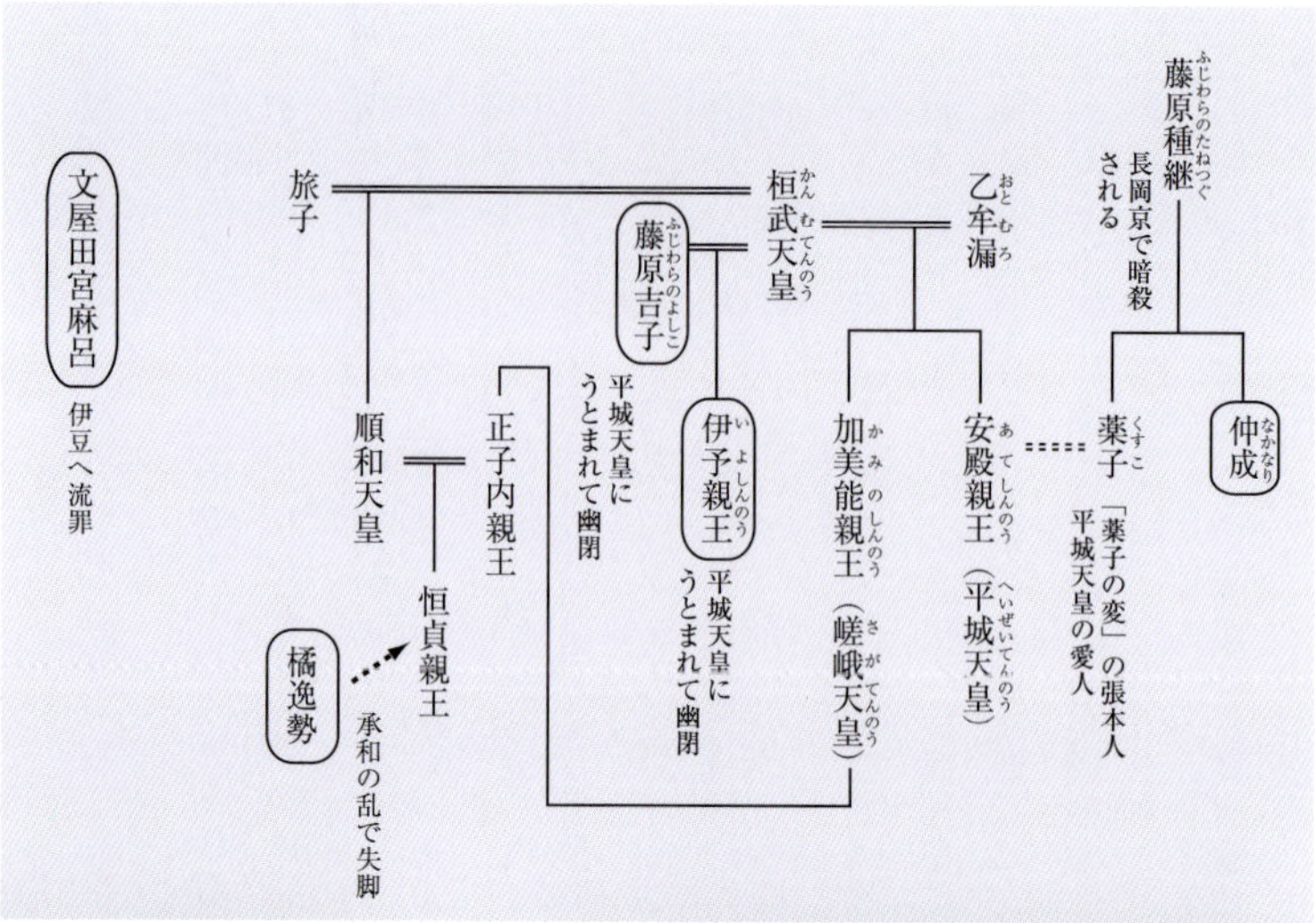

今宮神社のやすらい祭／北区紫野今宮町
御霊会の姿をいまに伝えるやすらい祭は、京都三大奇祭のひとつ。

神泉苑の鉾
怨霊の憑座《よりまし》として立てられたもの。

現在の神泉苑／中京区神泉苑東町
貞観五年、ここではじめて朝廷主催の御霊会が催された。

もなったのです。

橘逸勢《たちばなのはやなり》と承和《じょうわ》の変

承和九年（八四二）七月。弟でもあり娘婿《むすめむこ》でもある淳和《じゅんな》天皇に先立たれ、失意のうちに病となっていた嵯峨上皇がついに息を引き取りました。その二日後、東宮坊に仕える橘逸勢《たちばなのはやなり》、伴健岑《とものこわみね》ら一党が、電光石火《でんこうせっか》で逮捕されたのです。容疑は謀反。しかし、証拠は曖昧《あいまい》なものでした。

それでも、時の仁明《にんみょう》天皇は彼らを謀反人と断じます。橘逸勢は「非人」と姓を改めさせられ伊豆に流されましたが、護送途中の遠江の板筑で死亡。伴健岑は隠岐《おき》へ流され、他にも東宮坊に勤める六十余人が流罪《るざい》となりました。さらに、謀反の責任は東宮の恒貞《つねさだ》親王にもあるとして、皇太子の位が剥奪されました。次の皇太子には仁明天皇の長子で、藤原良房の妹の順子《のぶこ》が生んだ道康《みちやす》親王が立てられました。

これが、世に言う「承和の変」です。

この事件は、藤原良房《よしふさ》が父の淳和《じゅんな》天皇、祖父の嵯峨上皇という後ろ盾を失った恒貞《つねさだ》親王を追い落とし、自らの妹が生んだ道康親王を皇太子に立て、さらには、橘氏、伴氏を政治の中枢から追い払い、藤原氏独裁の体制を作ろうとした陰謀であったとみられています。

無実の罪で死んだ橘逸勢の怨霊が、具体的にどのような祟りをなしたのか、記録はありません。しかし、平安京に彼を祭った「橘逸勢社《たちばなのはやなり》」という神社があったことからも、かなり恐れられていた怨霊だったようです。

この「橘逸勢社」は、残念ながら現存していません。

伊豆へ流された文室宮田麻呂《ふんやのみやたまろ》

他の五人の怨霊と比べるとずいぶん小ぶりな印象は否めませんが、承和八年（八四一）に、赴任地《ふにんち》の筑前で謀反を企《くわだ》てたという罪で、伊豆に流された人物です。

事件が、人々に心理的なショックを与えた「承和の変」の前年に起こっていて、比較的記憶に残っていたであろうことと、神泉苑の御霊会が行なわれた貞観五年（八六三）に近い事件だったことにより、一緒に祭られることになったのではないかと思われます。

怨みの念が都を望む

こうした怨霊には、誰でもがなれると言うものではありません。怨霊となるには謀反を企てるなどして時の権力者に逆らい、敗れて流罪に遭いその地で、又は途中で死ぬ必要があります。謀反の罪がでっちあげで無実だったりすれば、もっと効果的です。無念のうちに異郷《いきょう》で非業《ひごう》の死をとげた人物。それが、せめて魂だけでも都に戻って怨みを晴らそうした時怨霊となるのです。

怨霊となるには、

時の権力者に対する謀反（無実の罪でもよい）→敗北→流罪→異郷での死亡→都に戻って祟りをなす。

といったプロセスをたどる必要があります。

そして、こうしたプロセスを経て怨霊となった、平安京最強の存在が、次に登場する菅原道真《すがわらのみちざね》なのです。

雷神・菅原道真

菅原道真もまた無実でありながら、謀反の罪を着せられ流罪となって異郷《いきょう》に亡くなった人物です。

延喜《えんぎ》元年（九〇一）一月二十五日。右大臣だった道真は、突如として「謀反人《むほんにん》」の汚名を着せられ、大宰府《だざいふ》に左遷《させん》させられました。名目は「大宰府権帥《だざいふごんのそち》に任ずる」となっていましたが、実質的には流罪と変わりません。これは、道真を政治上のライバルとみなす藤原時平《ときひら》が、醍醐《だいご》天皇に「道真は宇多《うだ》法皇と謀《はか》って、自分の娘婿である斎世《ときよ》親王を天皇に立てようとしている」と讒言《ざんげん》したことによります。斎世親王は醍醐天皇と同じく宇多法皇の息子にあたり、法皇が後ろ盾になれば十分次期天皇となり得る可能性を持っていました。若い醍醐天皇が時平の言葉に不安を感じ、ろくに調査もしないで道真を左遷してしまったのもわからなくはありません。

しかし、大宰府に流された道真は、

城《しろ》に盈《み》ち　郭《かく》に溢《あふ》れて　幾《いく》ばくの梅花《ばいか》ぞ
猶《けだ》し是《こ》れ　風光《ふうこう》の早歳《そうさい》の華《はな》
雁《かり》の足《あし》に黏《ねば》り将《もち》ては　帛《きん》を繋《つな》けたるかと疑《うたが》ふ
烏《う》の頭《かしら》に點《さ》し著《つ》きては　家《いえ》に帰《か》らんことを思《おも》ふ

日々、許されて都に帰ることを願いながら、延喜三年

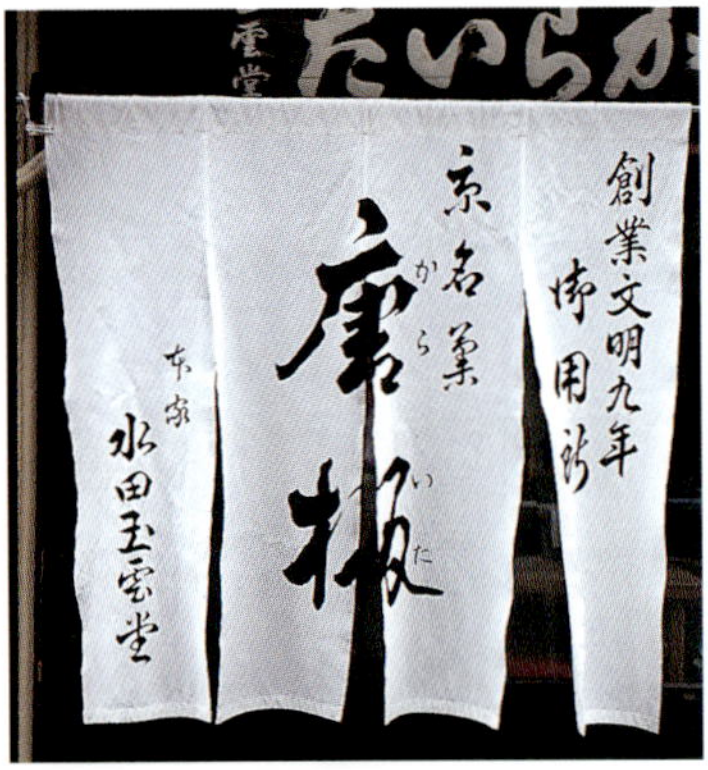

唐板／上御霊神社門前
怨霊を鎮めるために作られたという京銘菓「唐板」は今も門前の店先で売られている。

上御霊神社／上京区上御霊烏丸東入る
崇道天皇、井上内親王、他戸親王、藤原吉子、橘逸勢、文室宮田麻呂を祭る。

下御霊神社の祭り

憑座《よりまし》の鉾に車がついて移動しやすくなっている。シンプルな神泉苑の鉾から巨大な祇園祭の山鉾へと変化していく、ちょうど、中間の形にあたる。

下御霊神社／中京区寺町丸太町下る

崇道天皇、藤原吉子、伊予親王、藤原広嗣、橘逸勢、文室宮田麻呂を祭る。藤原広嗣は奈良時代に九州で謀反を起こした人物。

(九〇三)二月二十五日、都から遠い大宰府の地に没したのでした。享年五十九歳。

そして、彼の死後、都に数々の恐怖の出来事が襲いかかります。まずは延喜九年(九〇九年)四月、道真を追い落とした張本人・藤原時平が三十九歳の若さで病死しました。延喜十一年(九一一年)には大洪水《こうずい》が起こり、延長《えんちょう》元年(九二三)三月には時平の妹の穏子が生んだ皇太子・保明《やすあきら》親王が二十一歳で死亡します。すぐさま保明親王の息子の慶頼《よしより》王が皇太子に立てられましたが、この皇子も二年後に、わずか五歳で亡くなってしまいます。そして延長八年(九三〇)六月二十六日。都の西北にある愛宕山より突如として黒雲が広がったかと思うと、激しい雷鳴が響き渡り内裏《だいり》の清涼殿の坤《ひつじさる》の方角に立つ柱上に落ちたのです。これによって大納言・藤原清《きよ》貫《つら》は黒焦《くろこ》げになって死亡。平希世《たいらのまれよ》も顔を焼かれて重傷を負いました。さらに落雷は紫宸殿《ししんでん》にも落ち、右兵衛佐《すけ》・美努忠包《みぬのただかね》が頭を焼かれ死亡。紀蔭連《きのかげつら》は恐怖のあまり発狂し、安曇宗仁《あずみのむねひと》も両膝を焼かれて倒れました。

避雷針のある現在でこそ雷はさほど恐ろしいものとは感じられなくなりましたが、避雷針のない平安時代、しかも雷の発生する原因など知る由もない人々が落雷に対して感じた恐怖というのは、現代人の想像をはるかに超えたものだったに違いありません。おまけに盆地の京都は雷が多く、その雷鳴や稲光の大きさ凄まじさは平地の比ではありません。

疫病や地震など怨霊の祟りによる現象は様々ありますが、目の前で建物を焼き人を黒焦げにして死に至らしめる雷のインパクトは、平安貴族たちを震えあがらせるに足るものでした。落雷は、まさに「神の怒り」と感じられたに違いありません。

これまでにも怨霊となって御霊として神に祭られた人々は大勢いました。しかし、雷神となったのは菅原道真が始めてです。そして、雷神と合体したからこそ彼は平安京最強の怨霊となり得たのでした。

延長八年(九三〇)九月二十九日。道真の怨霊に悩まされ続けた醍醐天皇が、「咳《がい》」によって四十六歳の生涯を閉じます。そして天徳《てんとく》三年(九五九年)、菅原道真の怨霊を鎮めるため、藤原師輔《もろすけ》が北野に天満宮を造営したのです。偶然か故意か、この地にはもともと雷神を祭る祠があり、それは火之御子社《ひのみこしゃ》としていまも北野天満宮の境内に残っています。

大魔王になった崇徳院《すとくいん》

時の権力者に反抗し謀反《むほん》を企《くわだ》て敗れて流され、異郷《いきょう》の地で死亡する。崇徳院もこれまでの怨霊発生プロセスと、ほぼ同じ経緯をたどって怨霊となりました。ただ、ひとつだけ違っていたのは、彼が自ら怨霊となることを宣言して亡くなったという点です。

のちに崇徳天皇となる顕仁《あきひと》親王の出生は、かなり複雑なものでした。一応、父は鳥羽《とば》天皇、母は白河《しらかわ》法皇の養女の璋子《たまこ》（待賢門院《たいけんもんいん》）となっていますが、本当の父親は祖父にして曽祖父にあたる白河法皇だったのです。このため鳥羽天皇は、彼を「叔父子《おじこ》」と呼んで嫌いました。しかし、鳥羽天皇も白河法皇が生きているうちは、その絶大な力の前に従うほかなく、保安《ほうあん》四年（一一二三）、顕仁親王が五歳のときに法皇の命によって位を譲り、崇徳天皇として即位させたのです。

大治《だいじ》四年（一一二九）、白河法皇が没したときも、鳥羽上皇はなにも行動を起こしませんでした。というのも、彼が寵愛する得子《とくこ》（美福門院《びふくもんいん》）に、まだ男の子が生まれていなかったからです。

そして保延《ほうえん》五年（一一三九）五月。得子に待望の皇子、躰仁《なりひと》親王が誕生します。待ち構えていた鳥羽上皇は、さっそく崇徳天皇に、躰仁親王を天皇の子となし譲位するようにと求めました。崇徳天皇も子供への譲位ならば、自らが院政を行なえるため喜んでこれを承知します。ところが、永治《えいじ》元年（一一四一）、崇徳天皇が譲位の儀式に臨んでみれば、宣命《せんみょう》には躰仁親王を皇太弟と書いているではありませんか。弟では崇徳天皇に院政を行なう資格は生まれません。崇徳天皇はこのとき始めて、父の鳥羽上皇が自分へむける憎悪の深さを知ったのでした。

やがて久寿《きゅうじゅ》二年（一一五五）七月、病弱だった近衛《このえ》天皇は崩御《ほうぎょ》し、十月には崇徳天皇の同母弟の雅仁《まさひと》親王が天皇に立てられました。これが後白河《ごしらかわ》天皇です。鳥羽上皇の愛妾《あいしょう》得子は、養子にしていた雅仁親王の子、守仁《もりひと》親王を皇位に即《つ》けたかったのですが、父親が生きているのに飛ばして天皇にするわけにもいかず、ひとまず雅仁親王を天皇にすることにしたのです。いわば、つなぎの腰掛け天皇のつもりでした。ところが、これが、のちに院政二十年の長きに及び激動の人生を送ることになろうとは鳥羽上皇も得子も、このとき思いもしなかったことでしょう。

けれど、後白河の即位に最もショックを受けたのは崇

崇徳院廟／東山区安井
平安京で最初に祭られた崇徳院の廟は白河にあったが応仁の乱で焼けてしまった。

白峯神宮／上京区堀川今出川東入る
明治天皇の命によって建てられた、崇徳院を祭神とする比較的新しい神社。

徳上皇でした。彼は近衛天皇亡きあと自らが重祚《ちょうそ》するか、息子の重仁《しげひと》親王が即位して、今度こそ院政が行えると信じていたからです。

波乱をふくんだまま、年が改まった保元《ほうげん》元年（一一五六）七月二日、崇徳天皇を憎みぬいた鳥羽法皇が亡くなりました。ほぼ同時に、

「崇徳上皇が、左大臣・源頼長《よりなが》と同心《どうしん》し、軍を挙げて国家を転覆《てんぷく》しようとしている」

という噂が都に流れます。

もはや後に引けなくなった形の崇徳上皇は、七月十日ついに蜂起を決意し白河北殿へ、平家弘《たいらのいえひろ》、康弘、盛弘、時弘ら平氏一族、源為義、頼賢、為朝、為仲ら源氏一族の兵をを集めました。しかし、天皇方に比べて兵力の劣勢は覆うべくもありません。

上皇方が無駄な軍議を繰り返して時間を浪費するうちにも、天皇方の平清盛、源義朝らは兵を率いて白河北殿を夜襲。上皇方はあえなく敗走します。源頼長は流れ矢に当たって死亡。仁和寺に隠れていた崇徳上皇も十三日に投降し、八月二十三日には讃岐《さぬき》に配流《はいる》となりました。

失意の崇徳上皇は讃岐の配所で三年をかけて五部大乗経《ごぶだいじょうきょう》を書き写し、せめて、これを都の近くの寺院に納めて欲しいと訴えますが、後白河天皇は受けいれませんでした。これに激怒した崇徳上皇は、

「我《われ》、願《ねが》はくば、五部大乗経《ごぶだいじょうきょう》の大善根《だいぜんこん》を三悪道《さんあくどう》になげうって、日本国《にほんこく》の大魔王《だいまおう》とならん」

自らの舌先《したさき》を噛《か》み切り、その血で以《も》って五部大乗経の裏に誓文をしたためると、以後、髪も梳《くしけず》らず、爪《つめ》も切らず、さながら生きた鬼のようになって長寛《ちょうかん》二年（一一六四）八月二十六日、配所《はいしょ》で亡くなりました。

そして、その言葉通り崇徳上皇は魔王となって、都の人々を恐怖のどん底に突き落としたのです。

治承《じしょう》元年（一一七七）四月二十八日。富小路の家から出火した火は、おりからの大風を受けて都の三分の一を焼失。被害は内裏《だいり》にまで及びました。

五月には空に妖星《ようせい》があらわれ、陰陽寮《おんみょうりょう》・天文博士は、

「この妖星は後漢《ごかん》の霊帝《れいてい》のときに現われたものと同じです。これより後、黄巾《こうきん》の乱が起こって天下は多いに乱れ、やがて後漢は、これがために滅びたのです」

と密奏《みっそう》しました。恐怖に慄《おのの》いた朝廷は七月二十九日、讃岐の上皇に崇徳院の号を贈ります。しかし、翌年も都を襲う大火事が起こり、崇徳院の怨みの念は治《おさ》まることはなかったのでした。

第三章　安倍晴明と平安京

「陰陽道《おんみょうどう》」と「陰陽師《おんみょうじ》」

「陰陽の道《おんみょう》」つまり「陰陽道《おんみょうどう》」という言葉が日本で日常的に使われ始めたのは、実は平安中期から後期にかけての時期になります。

天武天皇が「陰陽寮《おんようりょう》」を作って律令制度に組み込んだ頃、「陰陽《いんよう》」は「占い」を意味しました。しかも、その「占い」は国家的レベルのものに限られていました。しかし、桓武《かんむ》天皇が早良《さわら》親王の怨霊《おんりょう》を鎮《しず》めるため、僧とともに陰陽師を淡路に送って「祭り」を行なわせたように、いつしか「陰陽」の中には怨霊や物の怪《け》を「祓《はら》い」「祭る」仕事までもが加わるようになっていきます。

本来「祭り」というのは神祇官《じんぎかん》の仕事です。しかし、神祇官が「祭る」のは天の神や地の神で、ことのほか穢《けが》れを忌むものでした。ところが天変や怪異には神の怒りだけでなく、怨霊や、鬼や物の怪といった「穢れた」ものたちが原因のものも数多くあります。そんな時、怪異の原因を「占う」陰陽師たちが、ついでに「祓い」や「祭り」も行なってくれたら、これほど便利なことはありません。様々な怪異を扱って「占う」陰陽師は、「穢れ」に強いと考えられていましたし、「穢れ」に強いなら「祓う」ことも可能に違いないと平安貴族たちは考えたのでした。

安倍晴明のような、すぐれた陰陽師が活躍した平安中期は「陰陽道《おんみょうどう》」という言葉が日本の中に定着した時期でもあり、「陰陽道」が「占い・祓い・祭り」の三つをセットにしたものを指すようになった時代でもあります。

一方で「陰陽師《おんみょうじ》」という言葉の意味が変わってきたのもこの時期です。

陰陽寮の「陰陽師」は定員六名。主な仕事は「占筮《せんぜい》、相地《そうち》を掌《つかさど》る」こと。つまり「占い」です。この仕事に「祭り」や「祓い」が加わったことは先に述べました。しかし、変わったのはそれだけではありません。本来「陰陽師」は「占い」の結果を直接依頼者（もともとは天皇）に話すことはできませんでした。なにしろ「陰陽師」の「占う」ことは国家と天皇の命運にかかわることでしたから、簡単に話すことは禁じられていたのです。では誰がどうやって結果を告げたのかというと、陰陽寮のトップ官僚である「陰陽頭《おんみょうのかみ》」によって、「天文、暦数、風雲気色《ふううんけしき》に異あらば、密封して奏聞《そもん》されたのです。

　つまり「占う」のは「陰陽師」であっても、それを天皇に奏上する権利は「陰陽師」には与えられておらず、奏上ができるのはあくまで「陰陽頭」一人だけという職務の分離がなされていたワケです。

　ところが平安中期になると「陰陽道」は国家的なものから、貴族個人のレベルで利用されるものになっていきます。それにつれ、律令制度上の「陰陽師」という呼び方も、「天文博士《てんもんはかせ》」の安倍晴明を「陰陽師」と呼んだり、「陰陽頭」の賀茂保憲《かものやすのり》を「陰陽師」と呼んだりしてアバウトになっていきました。

　つまり、この頃になると貴族たちが「陰陽道」の技術を持つ者なら、誰にでも「占い」をさせ、その結果を直接聞いては「祓い」や「祭り」をさせるようになってきたため「陰陽師」という言葉も、陰陽寮の役職名を指すものから、「陰陽道に則《のっと》って占いや祓いを行うもの」全般の呼び名に変わっていったのでした。

ベスト・オブ・陰陽師

　平安中期には、「陰陽寮《おんみょうりょう》」に属する者で「陰陽道《おんみょうどう》」を能くする者は、すべて「陰陽師《おんみょうじ》」と呼ばれるようになっていました。さらには、陰陽寮から離れて別の役職についた者でも「陰陽師」として天皇に呼ばれ、「占い」や「祓い」を行なうことがありました。こうした者はそのとき最も「陰陽道」に長《た》けた者であることが多く、陰陽寮を離れても「蔵人所陰陽師《くろうどどころおんみょうじ》」として重用されたのです。

　「蔵人所」というのは嵯峨天皇のとき新たにできた職で、最初は機密文書や訴訟のことを司《つかさど》る部署でしたが時代が下がるとともに、宮中の一切を司る最も重要な部署のひとつとなりました。この「蔵人所」は、内裏《だいり》の校書殿《こうしょでん》の西廂《にしひさし》にあり、「蔵人所陰陽師」となった者はここで天皇個人に関する「占い」を行なったのです。これを「蔵人所御卜《くらうどどころみうら》」と呼びます。これに対し「陰陽寮」の「陰陽師」が行なった「占い」は、内裏の紫宸殿の東の軒廊《こんろう》で行なわれたことから「軒廊御卜《こんろうのみうら》」と呼ばれました。この他に、摂関家や貴族たちに呼ばれ出張して行なう「氏長者占《うじのちょうじゃうらない》」や「陰陽師占《おんみょうじうらない》」といった「占い」も、もちろんありました。

　「蔵人所陰陽師」には、安倍晴明、賀茂光栄《みつよし》といった「陰陽道」の第一人者が順番に任命されていることを

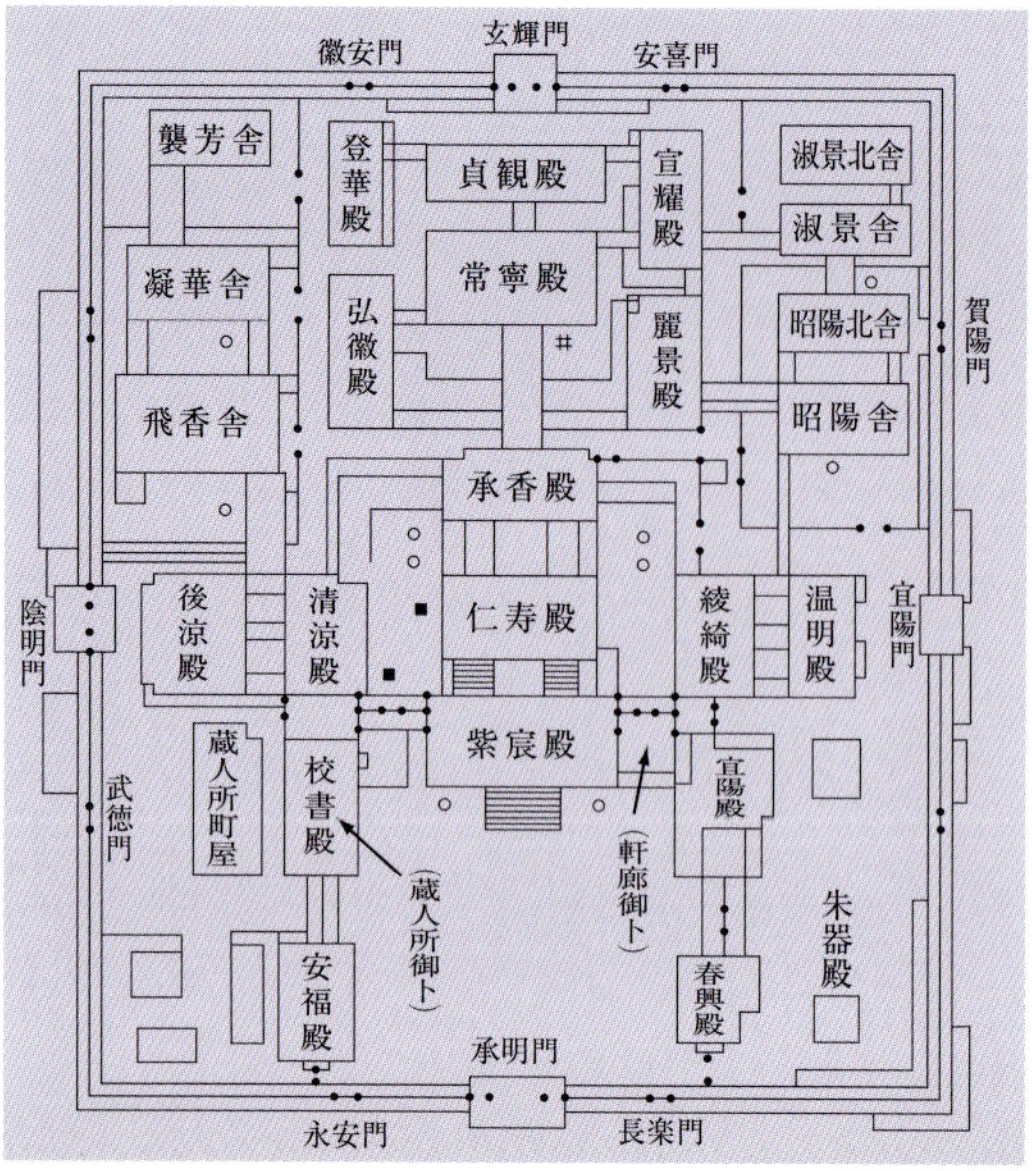

内裏《だいり》・軒廊《こんろう》と蔵人所《くろうどどころ》の位置

中務省《なかつかさしょう》主要建物配置図

中務省跡の碑／上京区丸太町知恵光院
現在の京都で陰陽寮を示す唯一の遺構。

蔵人所の位置
校書殿の西廂《ひさし》に置かれていた。

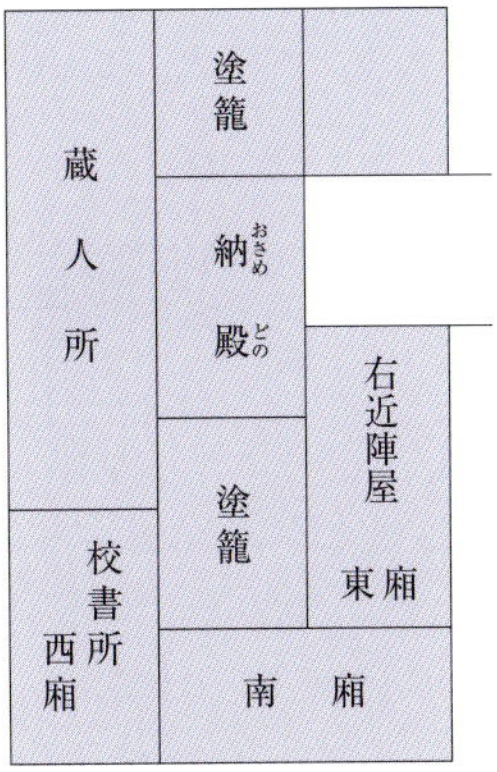

（校書殿の内部）

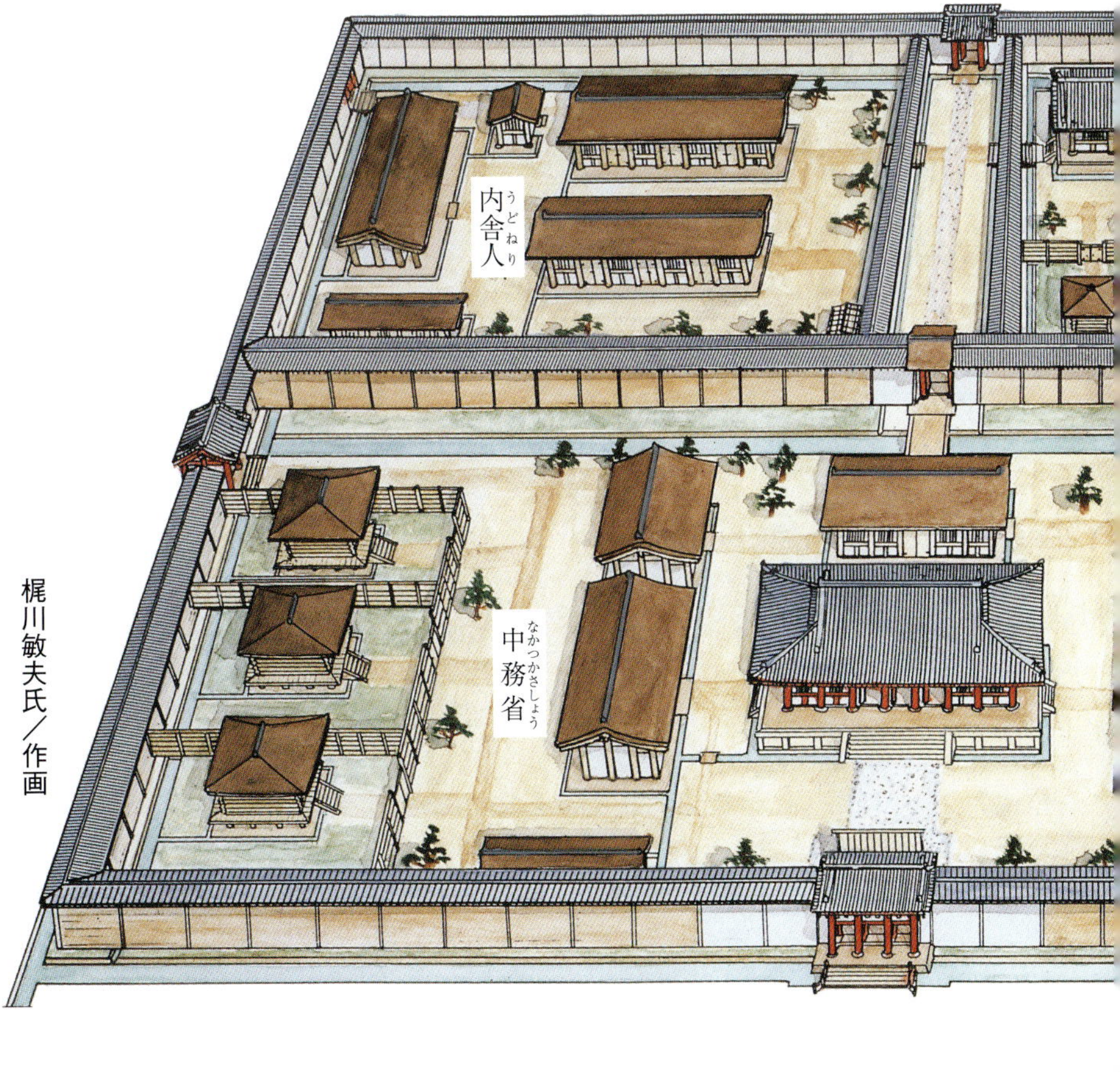

梶川敏夫氏／作画

みても、彼らは「陰陽師」の「陰陽師」を超えた「陰陽師」であり「ベスト・オブ・陰陽師」であったといえるでしょう。平安中期の「陰陽師」には、こうした「陰陽寮」を超えた「陰陽師」が数多く輩出されました。

一条戻り橋の鬼

「陰陽寮」の役人の域を超えた「ベスト・オブ・陰陽師」が活躍した平安中期。この頃の貴族たちは怨霊や物の怪《け》に怯《おび》える日々を送っていました。平安中期に「陰陽道」が確立し、「陰陽師」が大活躍することになったのには、裏にそうした貴族たちの恐怖が存在していたことを忘れてはならないでしょう。

しかし、怨霊や物の怪が平安京のどこにでも自由自在に出没したのかというと、どうやら人気スポットのような場所があったみたいなのです。最も清浄で守られていそうな大内裏《だいだいり》周辺こそが、実は怨霊・物の怪・鬼の出没頻度《ひんど》が非常に高いエリアでした。

なかでも大内裏の東北に位置する一条戻り橋は、僧の浄蔵《じょうぞう》が父の魂を呼び戻したことや、安倍晴明が式神《しきがみ》を隠したとされることなどから、よく鬼や物の怪たちが登場する人気の場所のひとつとなっていました。

『平家物語』や『源平盛衰記』には、一条戻り橋で渡辺綱が鬼と出会う話が記されています。

主人の源頼光の使いで一条大宮へ出かけて行った帰り道、渡辺綱は一条戻り橋で二十歳前後の色白で美しい女性に、五条まで送っていって欲しいと声をかけられます。気の毒に思った綱は気軽に女性を馬に乗せ送っていくことにしたのですが、この女性、実は鬼が変化《へんげ》していたもので、綱の髻《もとどり》を摑《つか》んで、愛宕山へ連れて行こうとします。しかし綱は持っていた「鬚切《ひげきり》」という名剣で、鬼の腕を切り落とし危ういところで難を逃れたのでした。

この事態に驚いた源頼光は安倍晴明を呼び出し、占ってもらうことにします。晴明は

「鬼の腕は固く封印し、綱殿には、七日間の物忌《ものい》みが必要です。その間、仁王経を読誦されるとよろしいでしょう」

と答え、綱は物忌みに入ることになりました。

けれど結局、綱は七日目に鬼が化けた乳母《めのと》を、それと気付かずに屋敷に入れてしまい鬼の腕を奪われてしまうのです。

この話は晴明の死後に書かれたもので、もちろんフィ

クションです。でも面白いのは、一条戻り橋で鬼に襲われ、鬼の腕という不気味なものを手に入れてしまったとき、吉凶を占うために呼ばれた陰陽師が安倍晴明だったという点です。もちろん、当時すでに安倍晴明が陰陽師として最も有名だったことも、理由に挙げられるでしょう。けれど、怪異のあった場所が一条戻り橋であるという点も、見逃してはならないように思います。

のちに、一条戻り橋で人を脅《おど》かした化物が、安倍晴明が隠した式神が長らく放置されて変化したものだと、人々が考えたという事実もあることから、どうも「一条戻り橋なら晴明」という暗黙の了解があったような気がするのです。

物忌みと音楽

一条戻り橋で鬼に出会ってしまった渡辺綱は、安倍晴明から「七日間の物忌み」をするようにと命じられます。この「物忌み」とは、祟《たた》りにあいそうな怪異に遭ってしまったとき、屋敷に籠《こも》って行いを慎むことにより、災いから身をかわそうとする考えです。

これは非常に日本的な思想で、一種の「みそぎ」を意味していました。屋敷に籠《こも》ること自体がすでに死と再生を意味しているのですが、それだけではなく「物忌み」に入った人間は、「真床襲衾《まどこおふすま》」と呼ばれる布団のようなものを被って夜を過ごします。これもまた、いったん「真床襲衾」の中に入ることによって、古い身体が死にそこから外へ出るとによって、新しく生まれ変わる事を意味した一種の「死と再生」の儀式でした。

さらに「物忌み」の期間中、多くの貴族たちは経を読んだり、管絃をしたりして過ごしました。経を読むのは仏の加護を求めてのことでしょうが、慎みの期間中なのに管絃なんて遊び事をやってていいのでしょうか?

実は、これ遊びどころではなく、とっても重要な意味を持つ行為なのです。

古代中国において「楽」とは、「礼」の儀式の際に奏でる音楽のことを指していました。「礼」とは、社会の秩序を守る「まつりごと」そのものであり、「楽」とは、人の心を和らげるものであり、どちらも古代中国の政治において最も重視されたものです。しかも「楽」の音色は「陰陽説」においては「陽」とされるため、「陰」の「気」が凝《かたま》ったものである「鬼」や「物の怪」に対抗して、「陽」の「気」を高める働きも持っていました。

大江山絵巻／東京国立博物館蔵
いちばん右にいるのが安倍晴明。この頃の絵巻では源頼光と四天王、安倍晴明がセットになって描かれていることが多い。

一条戻橋／上京区堀川一条上る
今も夜は不気味な感じがただよう。

平安時代、立春の前夜に行なわれた「追儺《ついな》の儀式」のとき、黄金四つ目の方相氏《ほうそうし》が「鬼」を追い出し、その後に続いた貴族たちが、「振り鼓《ふこ》」を振って音を鳴らしたのも「振り鼓」の音が持つ「陽」の「気」によって、「陰」の「気」の塊《かたまり》である「鬼」を追い払おうとしたものなのです。

また、ほんの少し前まで子守りの時、赤ん坊に「デンデン太鼓」鳴らしてみせたのも、実は太鼓の音という「陽」の「気」によって、赤ん坊を守ろうとした「まじない」の意味がこめられていたのです。

平安貴族たちが、「物忌み」のときに管絃をして過ごしたのには、こうした深い意味があったのですね。

安倍晴明が使った式神

安倍晴明が式神を使った話は『今昔物語』や『宇治拾遺《しゅうい》物語』などによく登場します。一条戻り橋の下に式神を隠していたというのは有名な話です。他にも、花《か》山《ざん》天皇が出家するため内裏から抜け出して晴明の屋敷横を通ったとき、家の中から「天文によれば、天皇が退位されるようだ。ただちに内裏に知らせよ」という晴明の声がしたかと思うと、目に見えないものが家の戸を開け、「ただいま天皇がお通りになりました」と、声だけが聞こえたというのも、晴明が式神を使った一例です。晴明は、普段から目に見えない式神を使って、家の蔀戸《しとみど》を開け閉めさせたりもしていたようで、式神というのは基本的に目にみえない存在だったようです。

しかし、晴明は一般人の目にはっきり見える式神も使っています。

晴明が広沢の遍照寺に住む寛朝僧正《かんちょうそうじょう》のもとを訪ねたときのこと。そこにいた若い公達《きんだち》や僧たちが、「陰陽の術で、人を殺すことはできるのか?」と、面白半分に尋ねて、晴明に実際に式神を使ってみてくれとせがんだのです。

このとき晴明は、「陰陽の術で人を殺すのはたやすいが、人を殺せば、生き返らせることは出来ないから」と、近くにあった草の葉を取って蛙に投げつけました。すると蛙は粉々になって飛び散って死んでしまったのです。この草の葉は晴明が使った一種の式神といえるでしょう。

また、藤原道長が法成寺に出かけたとき門を入ろうとすると、白犬が衣の裾をくわえて離さない、ということがありました。

この不思議な出来事を占うため、道長はただちに晴明を呼び寄せました。占いの結果は「法成寺の入口に、道長様を呪う呪物が埋めてあります。犬はそれに気づいて、中に入れまいとしたのでしょう」というもので、晴明が示した場所を道長が掘らせてみると、はたして土器を二枚合わせにし紙縒《こより》で十字に縛《しば》った呪物《じゅぶつ》が出てきたのです。

「この術は私の他は、道摩《どうま》法師しか知らないはずだが……」

晴明は懐から紙を取り出すと、それを鳥の形にして空に投げました。すると紙の鳥は生きた白鷺に姿を変え、南へと飛び去っていきました。道長が鳥の後を追わせたところ、紙の鳥は道摩法師が住む六条の家の前に落ちました。法師は呪詛を仕掛けたことを自供し、道長は彼を播磨に追放したのでした。

こうした、紙を使って呪術をほどこすというのは、中国の道教ではよくみられる現象です。普通は、「呪符《じゅふ》」という形で用いられることが多いのですが、『三国演義《えんぎ》』などには劉備玄徳《りゅうびげんとく》が、反乱軍である黄巾賊《こうきんぞく》の首領の一人、張宝《ちょうほう》を攻めた時、術によって人に変化した軍隊があらわれ苦しめられるシーンがでてきます。劉備が攻めかかろうとすると、片手に剣を持った張宝がなにやら呪文を唱えます。すると空から馬に乗った無数の兵士があらわれ、劉備軍は惨敗を喫してしまうのです。これが実は紙で作った人形が兵士に、藁《わら》で作った馬が陣馬になったもので、道教における一種の式神的な術によって生み出されたものでした。もっとも、こうした使い方は中国では邪道とみなされ、「左道《さどう》の術」と蔑称《べっしょう》されており、正規の術としては認められていなかったようです。

でも、日本では式神を使う晴明を「妖術使い」などと非難した文は見られません。式神が使えるというのは、陰陽師としての能力が高いことを示すと考えられていたからでしょう。

生前の晴明と死後の晴明

自由自在に式神を使い、鬼や怨霊さえも恐れる天才陰陽師。「泰山府君祭《たいざんふくんさい》」によって、死者すら蘇えらせることができたスーパー陰陽師。安倍晴明に対するこうしたイメージは、実は彼の死後に生まれたものです。

けれど、それでは安倍晴明は偉大な陰陽師ではなかっ

式神《しきがみ》
安倍晴明が使ったとされる式神。一般の人の目には見えないのが普通であった。

不動利益縁起絵巻《ふどうりやくえんぎえまき》／東京国立博物館蔵　陰陽道の祭を行う安倍晴明。

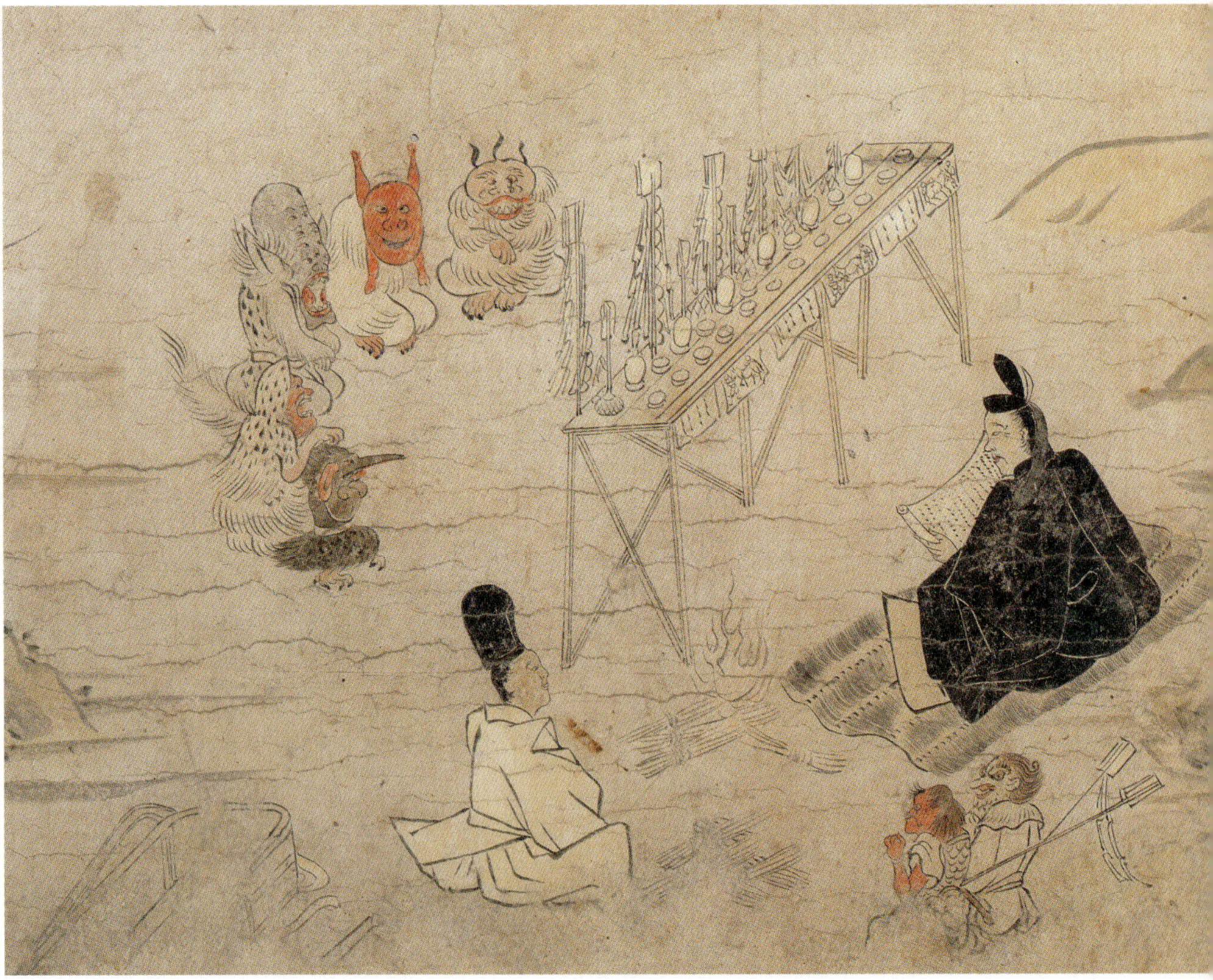

現在の遍照寺／右京区嵯峨広沢西裏町
平安時代の遍照寺より南に位置している。

遍照寺跡の碑／広沢池畔
晴明の頃の遍照寺は広沢の池のほとりに壮大な伽藍を誇っていた。

法成寺跡
上京区寺町広小路下る
道長の建てた法成寺は、現在の鴨沂高校グランド一帯にあった。道長が没した場所でもある。

土御門第跡／上京区京都御苑
現在の仙洞御所の北側あたりが藤原道長の土御門第があった場所とされる。

たのかといえば、そんなことは決してありません。

それまで、やや停滞気味だった「陰陽道」が、平安中期に脚光を浴びるようになったのには、賀茂忠行《ただゆき》、賀茂保憲《やすのり》、賀茂光栄《みつよし》といった父子三代や安倍晴明といったスーパースター陰陽師たちの登場が大きく影響しています。賀茂光栄、安倍晴明らが、当時の陰陽師の第一人者に命じられる「蔵人所陰陽師」になっていることを見ても、彼らの「陰陽の術」の高さがうかがえます。

では、実際に晴明がやった仕事とは、一体どんなものだったのでしょう。

まず、晴明がはじめて史書に登場するのは応和《おうわ》元年(九六一)六月二十八日のことです。このとき彼は「天文得業生《とくごうしょう》」で四十歳。前年の内裏《だいり》の火災によって焼失した、護身剣・破敵剣を再鋳造《ちゅうぞう》するため、「天文博士」賀茂保憲の輔佐として働いたといいます。「得業生」というのはいまでいう奨学生のことで、このほぼ十年後の天禄《てんろく》三年(九七二)十二月に、晴明は「天文博士」となります。おそらく、この期間彼は賀茂保憲のもとで「天文の術」を習得し、学成ったことから師の賀茂保憲の推挙を受け「天文博士」の職を受け継いだのでしょう。

花山天皇から一条天皇の御世は、晴明が陰陽師として最も活躍した時期で、藤原実資《さねすけ》の妻の出産が遅れているため憑《つ》いている物の怪《け》の「解除」を行ったり、実資の娘の病気回復のために「鬼気祭」を行なったり、皇太后・詮子《あきこ》のために「泰山府君祭」を行ったりと、「祓《はら》い」や「祭り」を多く行っているところを見ると、この方面が晴明の得意分野だったのかもしれません。

実際、一条天皇の急な病に「御禊《みそぎ》」を行い、験《しるし》があったとして、彼は正暦《しょうれき》四年(九九三)正五位上に昇進しています。そもそも、中国の泰山に住む神で人々の寿命を司るとされた泰山府君を祭って延命を祈願する「泰山府君祭」自体が晴明が編み出したとされ、のちの安倍家の陰陽道で最も重視される「祭り」となったものなのです。

長徳《ちょうとく》元年(九九五)には、「蔵人所陰陽師《くろうどどころおんみょうじ》」になっていたようですが、出仕はしなかったようです。二年後には「主計助《かずえのすけ》」になっており、またも焼失した護身剣・破敵剣の再々鋳造を進言しています。

すでに八十歳を超える高齢になっていた長保《ちょうほう》年間になっても、まだ一条天皇への日時勘申《にちじかんじん》や、反閇《へんばい》、東三条院・詮子のための日時勘申などを行ったり、藤原行成のために「泰山府君祭」を行ったりと、その人気ぶりは衰えることを知りません。

死の前年においてさえ、宇治の木幡《こわた》に三昧堂《ざんまいどう》を建てようとした道長のために、賀茂光栄と相地《そうち》を行ったり、雨乞《あまご》いのための「五龍祭《ごりゅうさい》」を行ったりしています。しかも、この「五龍祭」では大雨が降って、一条天皇から褒美《ほうび》をもらっているほどの活躍ぶりです。

そして寛弘《かんこう》二年（一〇〇五）八十五歳の生涯を閉じたのでした。

彼の死後すぐ一条天皇は、晴明を祭る神社を造るように命じました。こうして、東は堀川、西は黒門、北は元誓願寺、南は中立売にまたがる、広大な敷地の「晴明神社」が建てられたのです。平安京にあって、怨霊以外で人間だった者が神に祭られた例はほとんどありません。これを見ても生前の晴明の天皇や摂関家《せっかんけ》への貢献が、高く評価されていたことがわかります。また、このころすでに晴明は神に祭ってもいいとするほど、不思議の力を持つ人物だと思われてもいたのでしょう。

死後の晴明の魂は神として祭られました。しかし、実際の死後の肉体が葬られたのは、鴨川の洪水を防ぐため五条橋の中州に彼自身が建てたという、法城寺の境内だったといわれています。しかし法城寺はたびたびの洪水によって消滅し、晴明の墓も行方不明になってしまいました。平安時代の五条橋は現在の松原橋にあたりますが、現在このあたりには、残念ながら中州も寺も墓も残っていません。

ただ、法城寺はのちに三条大橋東詰に法城山晴明堂心光寺として、その名を残しました。けれど晴明の墓はそこにはないのです。

現在、晴明の墓所といわれているのは嵐山の長慶《ちょうけい》天皇陵の一角にある、五芒星が刻まれた立派な石塔ですが、これは室町時代に多く建てられた「晴明塚」のひとつで、中に晴明の骨が納められているわけではありません。厳密にいえば、記念碑のようなものなのです。

江戸時代には、かつて晴明の墓があった松原橋近く、清円寺の中に「晴明社」が作られました。寺には晴明の木像も置かれていたのですが、残念ながら明治時代に廃絶となり、晴明の木像はまわりまわって現在、裏寺町の長仙院に安置されています。晴明神社にあった彼の魂は、自ら墓や像の変遷をどう思って見ていたのでしょう。

しかし、安倍晴明という自身の実像までもが、死後に大きく変わろうとは、さすがの彼も予知し得なかったことだったに違いありません。

晴明神社の五芒星

晴明の墓所／右京区嵯峨天竜寺角倉町
正確には墓ではなく、室町時代に建てられた晴明塚（記念碑のようなもの）のひとつ。

五芒星の絵馬

晴明神社／上京区堀川一条上る
一条天皇の勅願によって建てられた晴明神社の跡地に建つ。
現在の境内は当時よりかなり規模が小さくなっている。

松原橋／東山区鴨川松原
平安時代に五条橋があった場所。当時鴨川の中洲には晴明の墓があった。

安倍晴明像／長仙院蔵
もともとは松原橋近くの清円寺に安置されていたもの。

安倍家から土御門家《つちみかどけ》へ

安倍晴明の死後、陰陽道は安倍家と賀茂家が世襲《せしゅう》する形で続いていきました。安倍家は南北朝時代の北朝の至徳《しとく》元年（一三八四）安倍有世《ありよ》のときに土御門と姓を変えながらも、陰陽道にたずさわる家として現在まで続いています。しかし賀茂家の方は、永禄《えいろく》八年（一五六五）賀茂在富《あきとみ》の病没後、後継ぎのなかったことが原因でいったん廃絶してしまいます。これ以後、土御門家は、「天文の術」の他に賀茂家が受け継いできた「暦の術」をも受け継ぐ家となったのです。賀茂家はやがて幸徳井《こうとくい》家として復活を遂げますが、その地位はずっと土御門家の下に置かれました。

しかし、土御門家となった安倍家の道程《みちのり》も、けっして平坦なものではありませんでした。

応仁の乱から戦国時代にかけては、うち続く戦乱の影響で、宮中に仕える陰陽師でありながら京に住んでいられなくなり、所領の若狭国名田庄《なたのしょう》に引きこもっていることが多かったようです。

しかも天正《てんしょう》八年（一五八〇）、天文博士だった土御門久脩《ひさなか》が、豊臣秀吉によって追放されるという事件が起きたのです。このあとの秀吉の時代、土御門家は一時、不遇の時期を迎えることになります。

けれど、徳川家が政権を握ると、久脩は家康の気にいられたようで再び出仕を許され、徳川家と将軍の為に「天曹地府祭《てんちゅうちふさい》」を行ったり「夏越祓《なごしのはらい》」を行ったりしています。

この「天曹地府祭」というのは、晴明が編み出した「泰山府君祭」をさらにバージョンアップさせたもので、この頃には天皇一代の間に一度行う祭りとして定着していました。それが武家社会の台頭にともない、将軍一代の間にも一度行われるようになっていたのです。

そして天和《てんわ》三年（一六八三）九月二十五日。土御門家にとって最大の転機が訪れます。かねてから望んでいた全国の陰陽師に免許を与える権利を幕府から与えられたのです。この頃、陰陽師を名乗るものには、上は土御門家のように宮中や幕府に仕えるものから、下は辻で占いをしたりお札を配って歩いたり、まじないをしたりするものまで幅広く存在していました。幕府からの朱印状を得たことによって、土御門家はこれらを免許制にし、土御門家発行の免許を持たないものは、陰陽師を名乗ることは許さないといえる身になったのです。

しかし、全国の陰陽師を統括する身となったことで、土御門家の「陰陽道」は、日本オリジナルの思想であり技術であったものから宗教へと変貌していくのでした。

一方で、「天文の術」と「暦の術」の方にも、変化が訪れていました。

土御門泰福《やすとみ》のとき、現実の「時」から大きく乖離《かいり》してしまった暦を改める必要が生じ、霊元《れいげん》天皇による改暦の命が下されました。そこで泰福はのちに渋川春海《しぶかわはるみ》と名乗る保井算哲《やすいさんてつ》とともに新しい暦造りに着手したのです。

保井算哲は京生まれで、もとは囲碁の家の出身でした。しかし生来の探求心からか池田昌意《まさおき》に数学と暦法を学んだり、岡野井玄貞《おかのいげんてい》に天文学と暦法を学んだりと、家業の他にも興味の対象があったようです。やがて学者としての名が江戸にも知られるようになり、水戸光圀《みつくに》らの支持を受けるまでになります。このころ彼は土御門泰福にも師事し陰陽道や暦法を学んでいますが、このときの天文や暦に関する知識は、おそらく算哲の方が上だったと思われます。しかし、日本人の手になる新しい暦を作りたいという野望を持つ算哲にとって、その道の大家である土御門家のバックアップはどうしても必要なものでした。霊元天皇の改暦命令は、いわば渡りに船。土御門泰福を手伝ってというよりも、彼が主導権を握る形で新しい暦は作られていったのです。

そして貞享《じょうきょう》元年（一六八四）十月二十九日、新しい暦が完成しました。二人は梅小路にあった土御門家の屋敷内で天文観測を行い、朝廷に新しい暦の正しさを証明するなどして新暦の採用を認めさせました。これが貞観四年（八六二）以来、八二三年の長きにわたって使われてきた、中国の宣明《せんみょう》暦に代わって使用されることになる貞享暦なのです。

この功によって算哲は幕府の初代天文方に任命され、渋川春海を名乗るようになりました。そして、これ以後、暦造りの実権は京の土御門家から、幕府の天文方へと移ることになったのです。

梅林寺／下京区梅小路東中町
土御門家の菩提所で土御門家の墓がある。

梅林寺の天文観測台の台石
土御門泰邦の名が刻まれている。

円光寺に残る天文観測台
下京区梅小路東中町

鎌達稲荷／南区唐橋西寺跡公園隣
土御門家の鎮守社。安倍晴明が狐の子とされるなど、晴明と稲荷社の縁は深い。

第四章 陰陽道と方位

方位の五行

平安京は四神相応《しじんそうおう》の地です。けれど、玄武《げんぶ》が山を、青龍《せいりゅう》が川を、朱雀《すざく》が池を、白虎《びゃっこ》が道をあらわすのではないことはすでに述べました。玄武、青龍、朱雀、白虎というのは、あくまで中国の五行説《ごぎょうせつ》に基づいた、方位を象徴し守護する聖獣にすぎません。

五行説というのは、この宇宙を構成するものが「木《もく》・火《か》・土《ど》・金《ごん》・水《すい》」の五種類であるとする考え方です。これには五行相克《そうこく》と五行相生《そうしょう》の二種類の循環があり、それぞれを表わした形が安倍晴明の「セーマン・五芒星《ごぼうせい》」の基となった星型と、正五角形とになります。

そして、この五行を方位に置き換えたのが「方位の五行」と呼ばれる形です（図1）。中央には土が配置され、北には水が、東には木が、南には火が、西には金が、それぞれ置かれます。さらにこの五行は土の黄、水の黒（玄）、木の青、火の赤（朱）、金の白といった、それぞれに対応する色も持っています。そこから東西南北と中央を守護する聖獣に色を冠して中央の黄龍、北の玄武、東の青龍、南の朱雀、西の白虎とする考えが生まれたのです。

また古代中国では中央の黄龍は皇帝を象徴する聖獣でもありましたから、この方位の五行には中央の皇帝を四方の聖獣によって守るという意味も込められていたのです。

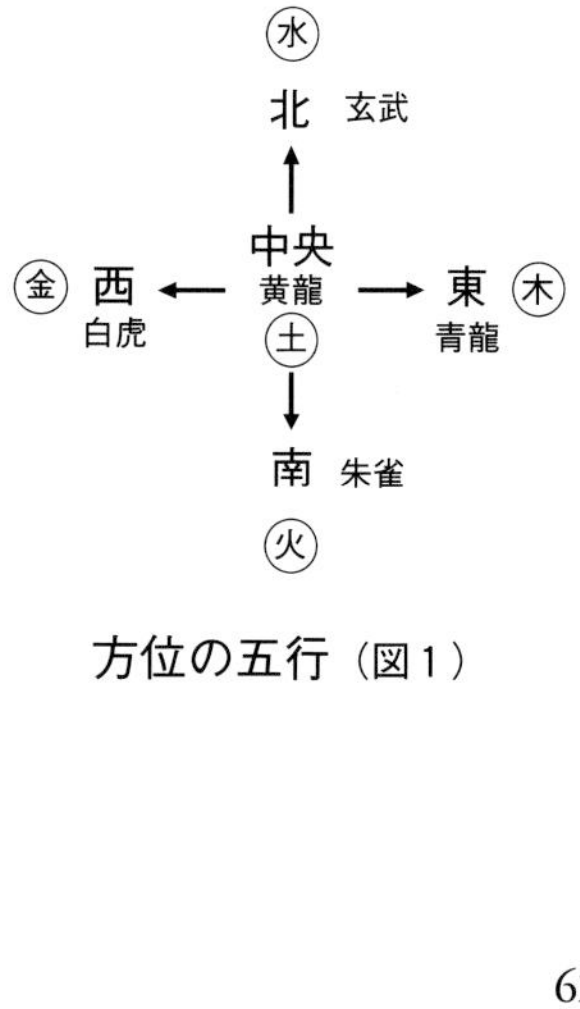

方位の五行（図1）

洛書《らくしょ》と九宮《きゅうきゅう》

しかし、東西南北の四方守護だけではまだまだ安心できません。そこで「五行の方位」のまわりに「八卦《はっか》」をプラスした「九宮」というものが生まれました。この「九宮」の基になったのが『洛書』という図形です（図2）。

その昔、中国最古の王朝である「夏《か》」の最初の王となった禹《う》が、洛水（洛陽の南に流れる川の名前）のほとりを歩いていたとき、川の中から突然あらわれた神亀の甲羅《こうら》に描かれていた文様を見て作ったのが『洛書』だといわれています。

まず『洛書』では中央に皇帝とそれを守護する文武百官を意味する「五」が置かれます。そして、北には「一」が配置され、東北には「八」が、東には「三」が、東南には「四」が、南には「九」が、西南には「二」が、西

洛書（図2）

には「七」が、西北には「六」が、それぞれ配置されています。これに周の文王が作ったとされる「後天図」（図3）の方位を重ねると、北に「坎《かん》」がきて、東北に「艮《ごん》」が、東に「震《しん》」が、東南に「巽《そん》」が、南に「離《り》」が、西南に「坤《こん》」が、西に「兌《だ》」が、西北に「乾《けん》」がくるという「黄帝九宮経図《こうていきゅうきゅうけいず》」（図4）となります。この図は、「九を頭に載せ、一を履《ふ》み、三を左にして七を右にし二と四とを角とし、六と八とを足とし、これによって中央の五が、すべての得失を制御する」ことを意味します。つまり、この形こそが、「良い事と悪い事が巧《うま》くバランスのとれた理想の形」だといっているのです。

しかし、「九宮」はこの理想形で固定されることなく、

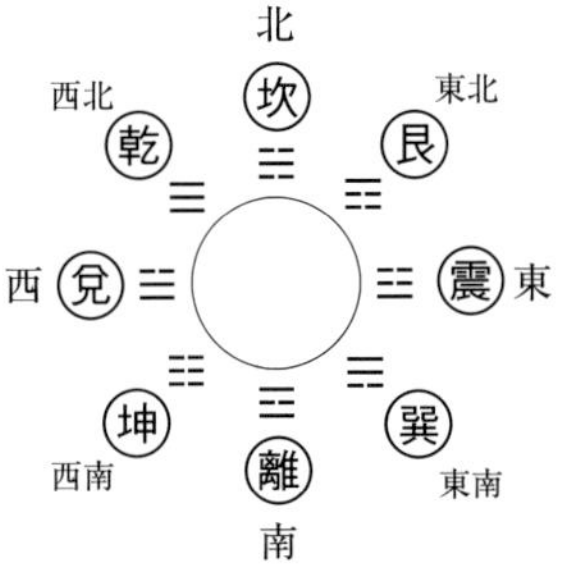

後天図（図3）

五行相克《ごぎょうそうこく》

水は火に克ち、
火は金に克ち、
金は木に克ち、
木は土に克ち、
土は水に克つ。

五行相生《ごぎょうそうしょう》

木は火を生じ、
火は土を生じ、
土は金を生じ、
金は水を生じ、
水は木を生じる。

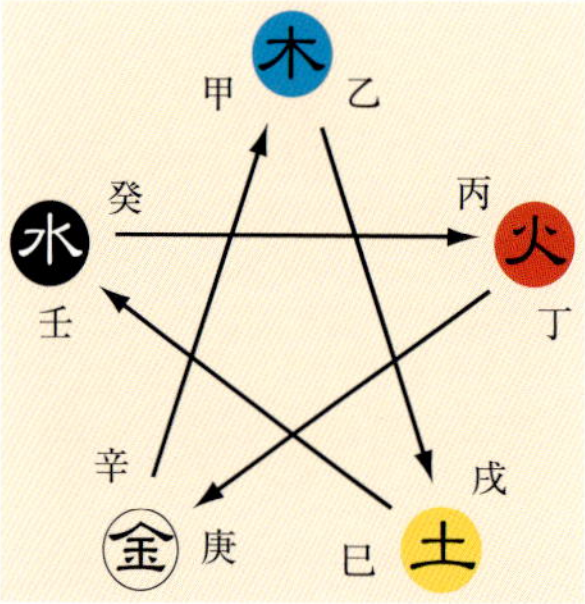

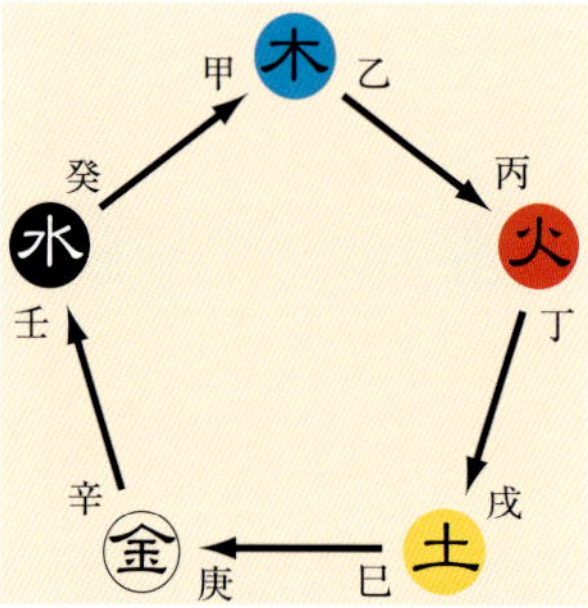

五行相克図の星型は、安倍晴明が呪符《じゅふ》に用いた「晴明桔梗《ききょう》印」のもとになったもの。これは別名「セーマン」とも呼ばれ、現在も修験道《しゅげんどう》で使われる「九字」（別名「ドーマン」）と対で、呪《しゅ》に用いられることが多い。

陰陽道の方位と十二支

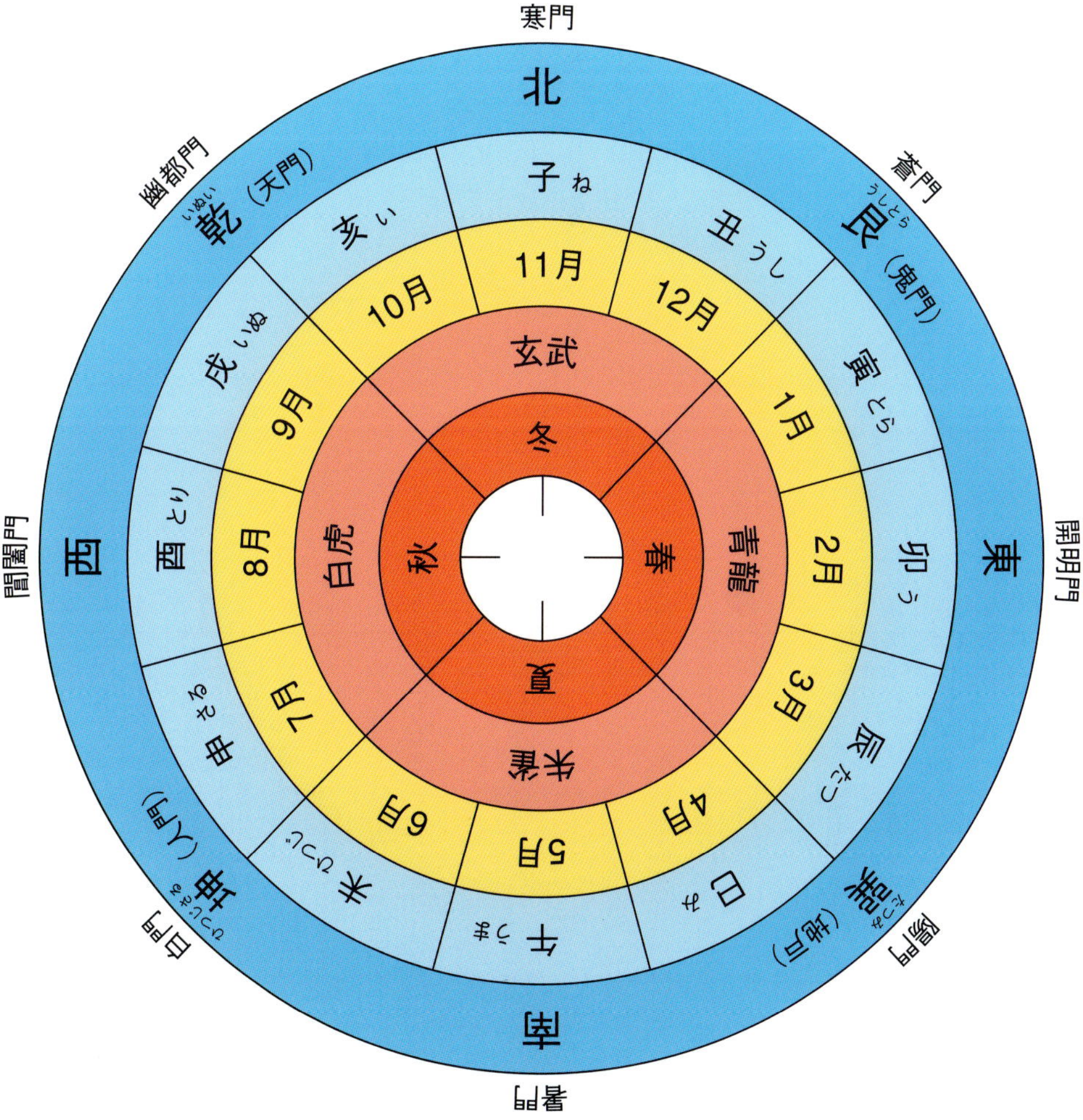

寒門
北
蒼門
艮《うしとら》（鬼門）
開明門
東
陽門
巽《たつみ》（地戸）
暑門
南
白門
坤《ひつじさる》（人門）
閶闔門
西
幽都門
乾《いぬい》（天門）
子 ね
丑 うし
寅 とら
卯 う
辰 たつ
巳 み
午 うま
未 ひつじ
申 さる
酉 とり
戌 いぬ
亥 い
11月
12月
1月
2月
3月
4月
5月
6月
7月
8月
9月
10月
玄武
青龍
朱雀
白虎
冬
春
夏
秋

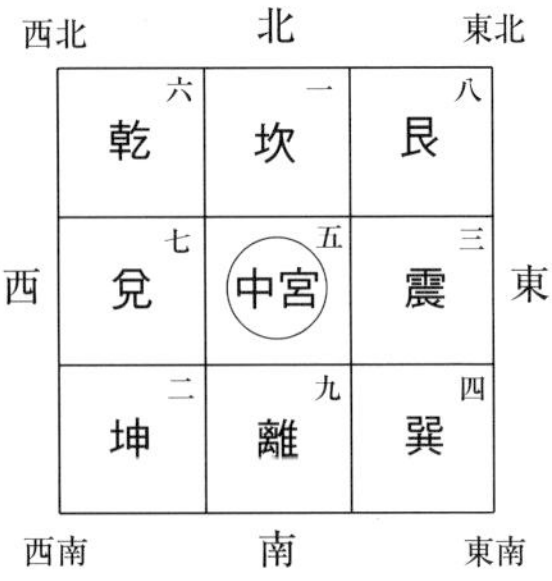

黄帝九宮経図（図4）

「陰陽説」の循環の理念を取り入れ、やがて一年ごとに位置を変化させていくようになります。

　こうした、それぞれの方位に意味を持たせる考え方は、日本の陰陽道にも色濃く受け継がれました。なかでも突出していたのが東北の「鬼門《きもん》」と、西北の「天門《てんもん》」（神門）という二つの方位でした。

殷《いん》の東北重視と周《しゅう》の西南重視

　東北を「鬼門」とし禍々《まがまが》しい鬼や魔物がやってくる方向とみなす考え方は、日本の陰陽道が唱え出した独自のもので中国にはありません。しかし「鬼門」という言葉は中国にもありましたし、東北を特別視する考え方も存在していました。

　まず、東北を特別な方向だと考えたのは、「夏《か》」の後を継いで王朝を立てた「殷」の人々でした。

　殷人たちは東北を祖先の魂が宿る方位と考えていました。中国語で「鬼」は「死者」を意味しますから、これはつまり、東北は「死者である祖先たち」つまり「鬼」が住まう場所であるとみなしていたわけで、この殷人たちの「東北重視《じゅうし》」の考え方が、のちに中国語の「鬼門」が東北を指す一因となったようです。

　これに対し殷を滅ぼし新しい王朝を築いた「周」では西南を重視しました。

　殷は「鬼」つまり「祖先霊《そせん》」を祭ることに非常に熱心な王朝でした。殷の都の東北には祖先を祭った巨大な陵墓《りょうぼ》が数多く造られおり、この労役に狩り出された人民は王を恨み、これがために殷は滅びたともいわれています。

　殷の後を継いだ周ではこの轍《てつ》を踏むまいとし、人民重視の政策を打ち出しました。つまり殷の政策の逆を行なったのです。これが殷の東北重視に対抗して、西南を重視する原因になったものと思われます。

そこで東北の逆の方向である西南を死者の「鬼」に対して、生者の「人」の方位と考え、「人門《じんもん》」という言葉を生み出したのです。

天・地・人・鬼

中国の漢代に書かれた『淮南子《えなんじ》』によれば、「後天図」の八卦の八方位は、東北の「艮《こん》」が「蒼門《そうもん》」となり、東の「震《しん》」が「開明門《かいめいもん》」となり、東南の「巽《そん》」が「陽門《ようもん》」となり、南の「離《り》」が「暑門《しょもん》」となり、西南の「坤《こん》」が「白門《はくもん》」となり、西の「兌《だ》」が「閶闔門《しょうこうもん》」となり、西北の「乾《けん》」が「幽都門《ゆうともん》」となり、北の「坎《かん》」が「寒門《かんもん》」となり、東西南北と、東北、東南、西南、西北の四維《しい》には、それぞれ八つの門があると考えられていました。

この八つの門の名前が持つ意味は、東北の「艮」は冬が終わって春となり、青々した木々が生え始める方位であることから「蒼」の門、続く東の「震」は春の日が明るくさし、陽の気が開かれはじめることから「開明」の門、東南の「巽」は陽の気が増え、陰の気を押さえているることから「陽」の門、南の「離」はまさに夏の盛りで最も暑い時期であることから「暑」の門、西南の「坤」は五行の「金」の気が始まり、「金」の対応色は「白」であることから「白」の門、西の「兌」は万物が収まり閉じようとしはじめる時期であり、「閶《しょう》」は「大」を意味し、「闔《こう》」は「閉」を意味することから、万物が大いに閉じるという意味の「閶闔」の門、西北の「乾」は冬が始まり陰が集まることから、暗さを意味する「幽都」の門、北の「坎《かん》」は冬の極まり、寒さの強い季節であることから「寒」の門といった風に、八つの方位に従って一年の季節が巡ることをあらわしています。

これは一年の循環にあわせて八門を配し、そこから季節が入ってくるという考え方ですが、この他に東北、東南、西南、西北の四維を特に重視する考えもありました。『易』の「説卦伝《せっかでん》」によれば、「天・地・人の三才」は宇宙を表わすといいます。しかし、中国人の宇宙観をあらわしたといわれる式盤《ちょくばん》には、東北、東南、西南、西北の四維に、それぞれ「鬼・地・人・天」が置かれています。つまり宇宙は、天と地、人と鬼（死者）とのバランスによって成り立っている、ということを示しているのです。

「説卦伝」は、『論語』で「鬼神を敬《けい》して之《これ》を遠ざく」と語った孔子が書いたとされるため、宇宙の構成から

東北の鬼門、比叡山

都の鬼門にあたる比叡山

都の神門にあたる愛宕山

西北の神門、愛宕山

「鬼」を省いたのかもしれません。けれど殷人が東北を「鬼門」としてあがめ、周人が西南を「人門」として重視したのに対応するならば、西北の「乾」は、純陽《じゅんよう》であり、陽の気が最も強い「天門」となり、その反対方位の東南が天に対応して「地門」（地戸ともいう）となるのは、むしろ当然の成り行きでした。

死者の霊である「怨霊」を扱う日本の陰陽道にとっても、「鬼」はもっとも重視されるべきものです。そこで日本の陰陽師たちは中国の「鬼門」とは異なる、オリジナルの「鬼門」のイメージを生み出したのでした。

陰陽道が生みだした鬼門

今でも日本人がイメージする「鬼がやって来る方位」としての東北、「鬼門」という考えは、十一世紀頃の平安京、院政期になってから特に唱えられるようになったものです。院政期には天皇と上皇による政治の二分化、武士の台頭による戦乱の増加など、世が乱れて不安定になっていました。そうした中、少しでも不安を解消しようとするために、多くの禁忌《タブー》や新しい神々が生み出されていったのです。

院政期の陰陽師たちが東北を「鬼門」とし、「鬼や禍《まが》つ者たちが入って来る方位だから、これを防がなければならない」と唱え始めたのも、「鬼門」を戦乱や凶事の新しい原因とし、そこを「祭り」「守る」ことで人々の不安を和《やわ》らげようとしたからでした。

しかし中国では祖先を祭る方位だった「鬼門」が、どうして鬼の入ってくるという恐ろしい門になってしまったのでしょう。

おそらく陰陽師たちは、中国古代の神話と地理の書である『山海経《せんがいきょう》』をもとに、日本オリジナルの「鬼門」を生み出したのだと思われます。『山海経』によれば東海に度朔山《どさくざん》という山があり、そこに巨大な桃の木が生えているとあります。この桃の木の東北には鬼たちが通る門があって、門の両脇には神荼《しんと》、鬱塁《うつるい》という二人が待ち構えていて、悪いことをした鬼を捕らえては、葦の縄で縛り虎に食わせてしまいます。この「桃の木の東北にある鬼が通る門」というところが、「東北にあって鬼が入ってくる門」としてアレンジされたのでしょう。

ちなみに中国では、「鬼門」は一般化しませんでしたが、この『山海経』に登場する神荼と鬱塁の二人は、のちに門神《もんしん》となってメジャーデビューを果たします。宋代や明代になると、中国でも「鬼」は死んだ祖先をあらわすものから、疫病を流行らせる疫神や、閻魔大王の使いで魂を取りに来る者といった、「怖いもの」に変化していましたから、神荼と鬱塁の姿を描いた絵を門に貼っておけば、こうした「鬼」も恐れて入って来ないと考えられたのです。

　災いから身を守ろうとする民衆の考えることは、中国も日本も同じといった感じですが、実は日本の「鬼門」はもともとは平安京の東北位のみを意味し、各々の家の東北をさしていたわけではありません。そのため鬼門から都を守るために施された様々な対策は、お札を貼るような簡単なものでは済まされず、国家規模のビックイベントとなっていったのです。

鬼門を守る比叡山

　十三世紀、比叡山の天台座主《ざす》・慈円《じえん》は「わが山は　はなの都の丑寅《うしとら》に　鬼いる門をふさぐとぞきく」と歌を詠んでいます。この頃には、すでに東北を「鬼門」とする概念が、一般化していたようです。

　比叡山にある延暦寺は、よく「桓武天皇が平安京を造ったとき、鬼門を守るために都の東北に置かれた」といわれますが、桓武天皇の時代に所謂《いわゆる》「鬼門」という考え方はありませんでした。

　しかし、たまたま陰陽師たちが「鬼門」を唱え出したとき、都の東北の比叡山に本拠を置く延暦寺の僧たちは「強訴《ごうそ》」という手段によって、たびたび朝廷を脅《おびや》かす存在となっており、ときの後白河法皇に自分の思い通りにならないものは「鴨川の水と双六《すごろく》の賽《さい》、山法師《やまほうし》」と嘆かせたほどの力を持っていました。

　こうしたときに「鬼門」という新たな考えが生まれたのです。都の東北にある延暦寺にとっては「我々が都を鬼から守っているのだ」と、大威張《おおいば》りでいえる根拠を手に入れたわけで、これを利用しない手はありません。

　しかし陰陽道の思想として「鬼門」を唱えた陰陽師たちにしてみれば、この延暦寺の態度は面白かろうハズがありません。もともと陰陽道の基本テキストには密教と重なるものが多く、また加持《かじ》と祓《はら》い、修験《しゅげん》と祭りのように仕事の内容も似ていて重なる部分がかなりありました。陰陽師たちにとって密教の僧侶たちは、自分たちの職種を脅かすライバル的存在でもあったわけです。

　陰陽師たちが考え出した「鬼門」も、たまたま鬼門方

鬼門ラインと神門ライン

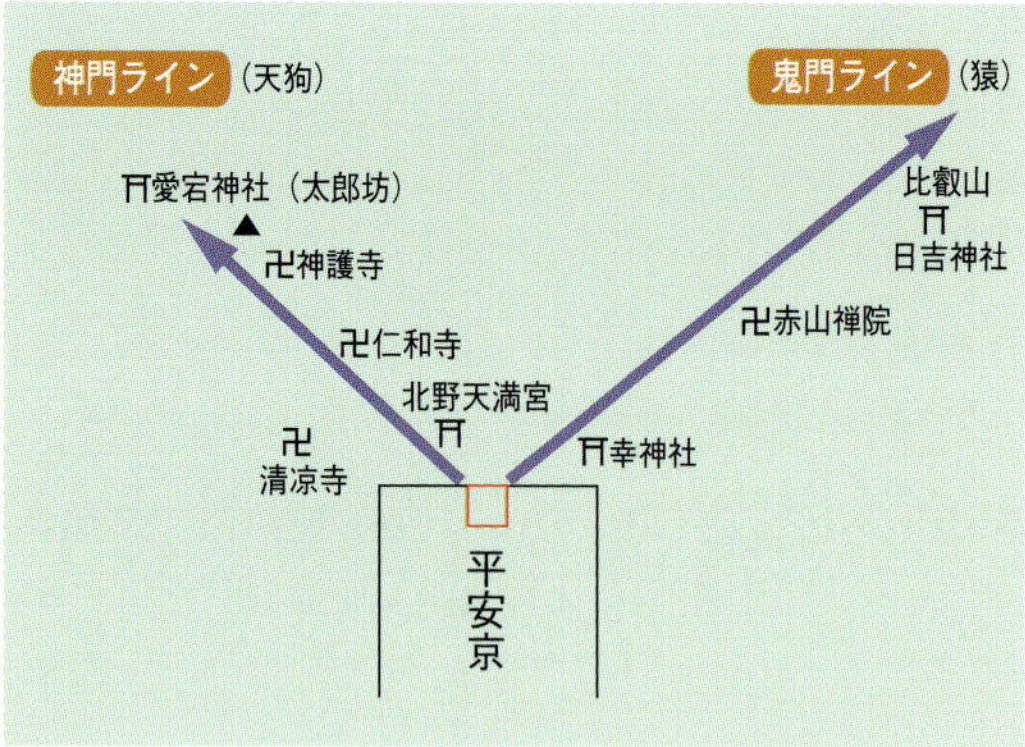

鬼門ラインの最東北方にある比叡山延暦寺／大津市坂本本町

陰陽道の神、泰山府君を祭る。

鬼門ラインの中ほどにある赤山禅院／左京区修学院開根坊町

位に延暦寺があったことから、密教の専売特許のようになってしまい、陰陽師たちにとってはこれに対抗する新たな思想が必要となりました。そこで持ち出されたのが「天門《てんもん》」だったのです。

天門と安倍晴明

東北の「鬼門」に対抗する方位が反対側の西南の「人門」でなく、なぜ西北にある「天門」だったのでしょう。これはきっと「天門」のある西北位が、八卦《はっか》の「乾《けん》」にあたることと関係していると思われます。「乾」は「陽」の気が集まった最も純粋な「陽」であり、万物を生み出す光のもとでもある「天」を象徴するものです。つまり生き物にとって欠くことのできない最も大切なもの。その方位である西北の「天門」ならばこそ、「鬼門」に対抗するに足るパワーを持っていると陰陽師たちは考えたのでしょう。

しかし比叡山に対抗するため、陰陽師が西北の「天門」を選んだ理由は他にもあります。それは都の西北に位置する愛宕山・神護寺で、かつて安倍晴明が、護身剣《ごしんけん》・破敵剣《はてきけん》の再鋳造《ちゅうぞう》に関わったからなのです。

護身剣・破敵剣の剣は天皇の身を守護する役割を持つ霊剣で、百済国で造られ日本にもたらされました。護身剣には日・月・北斗七星・南斗六星といった星々と、青龍・朱雀・白虎・玄武が描かれ、星辰と四神の守護によって災いを避け長生を得るという銘文が刻まれていました。破敵剣には、三皇五帝の形と、西王母兵刃符《せいおうぼへいじんふ》、老子《ろうし》破敵符《はてきふ》といった道教の符の文様が刻まれていました。しかし、この二振《ふたふ》りの霊剣は村上天皇の天徳《てんとく》四年（九六〇）内裏が火事に遭った際にどちらも燃えてしまったのです。

そこで翌年、霊剣が再鋳造されることになりました。六月二十八日神護寺において、天文博士の賀茂保憲《かものやすのり》が祝詞《のりと》を読み上げ、天文得業生《とくごうしょう》の安倍晴明と、暦《れき》得業生の味部好相《あじべのよしみ》が輔佐となって、鋳造に先立つ「五帝祭《ごていさい》」が行われ、剣は七月五日高雄山にて、備中国の鍛冶《かじ》・白銀安見《しろがねやすみ》の手によって再鋳造されました。

上記の記事は、土御門家の家司《けいし》だった若杉家の文書「大刀契事《だいとけいじ》」によるものなのですが、『政事要略《せいじようりゃく》』によれば、剣の再鋳造をしたのは晴明だったとあります。また宮内庁に残る『陰陽道旧記抄《おんようどうきゅうきしょう》』では、安倍晴明が焼けてしまった霊剣の文様を式神《しきがみ》に聞き、愛宕山で七日七晩かけて再鋳造したことになっています。

とまれ、剣は「金」でできているもの。そして西北の「乾」は、「金」の気が極まる方位。都の西北にある愛宕山は剣の鋳造には、まさにうってつけの場所だったのです。

都から西北位にある「天門」は、陰陽道のスーパースターである安倍晴明が、天皇を守護する霊剣を再鋳造した聖なる方位。「鬼門」に対抗する陰陽師たちが「天門」の名を「神門」と変え普及に努めたもの。きっと、偉大な陰陽師にして神でもあった晴明の力を借りようとしたからなのでしょう。

密教の鬼門VS陰陽道の神門

延暦寺の「鬼門」に対して、陰陽師の「神門」。治承《じしょう》元年（一一七七）この二つが優劣を競う恰好《かっこう》の事件が起きました。

四月二十八日の亥の刻（午後十時ごろ）都の東南・「巽」の方角にある樋口小路と富小路の辻あたりから火が出て、それが瞬く間に西北の「乾」の方へ燃え広がり、ついには朱雀門、大極殿、大学寮、民部省といった大内裏の建物までをも焼き尽くしてしまったのです。

比叡山サイドではこの大火災を「鬼門」によるものとすべく、「夢の中に、手に松明《たいまつ》を持った神猿が現われ、家々に火をつけてまわっていた」

という噂を流しました。

猿は、日吉《ひえ》神社の山王権現《さんのうごんげん》の使いであり、山王権現は延暦寺と同じ比叡山という霊地にあって、仏が神に垂迹《すいじゃく》した同一の存在とみなされていましたから、火事を引き起こした猿はまさに延暦寺の使いであり、「鬼門」を守る神や仏の怒りのあらわれなのだと宣伝したわけです。

これに対し、陰陽師サイドも負けてはいません。大炊御門堀川《おおいみかどほりかわ》に住む盲目の法師《ほうし》陰陽師が、「火元が樋口小路と富小路の辻ということは、この火事は愛宕山のほうまで燃え広がろう」

と言い出し、さっさと逃げ出してみせたのです。

つまり「樋口」は「火口」に通じ、「富」は「鳶《とび》」に通じ、鳶は天狗の乗り物であり、天狗は愛宕山を本拠地とすることから、「火口」は愛宕山のほうまで燃え広がる、という「推条口占《すいじょうくちうら》」を行ってみせたもので、この火事は「鬼門」によるものではなく愛宕山のある西北方

天狗ライン

平安京と西北の愛宕山を結ぶラインは天狗のエピソードを持つ寺院が多い。

愛宕山にある太郎坊の祠／右京区嵯峨愛宕町愛宕神社参道
太郎坊は日本の天狗の総領で、愛宕山に住むと考えられていた。

東向観音寺／上京区北野博労町
境内には渡辺綱が退治したという土蜘蛛の塚がある。

神護寺／右京区梅ケ畑高雄町
神門ラインの最西北部の愛宕山系にあり、安倍晴明が護身剣・破敵剣の再鋳造に関わったとされる。

位、すなわち「神門」の怒りによって起こったのだと反論したわけです。

この「鬼門VS神門」の勝負は、「太郎焼亡」と名付けられたこの大火が起った翌年に、またも「次郎焼亡」という大火事が起こったことと、どちらも火元から西北の「神門」方向にむかって燃え広がったことなどから、陰陽師サイドの勝ちとなりました。

しかし「鬼門」が、今もって人々の中に根付いているのに対し、現在「神門」の名を知る人はほとんどいません。この勝負、長い目で見れば「鬼門」の勝ちだったようです。

猿ラインと天狗ライン

「鬼門」と「神門」の戦いは、「猿」と「天狗」の戦いでもありました。

延暦寺が日吉《ひえ》神社の神の使いに猿を持ち出したことから、以後の京では、「鬼門」ラインの守りは「猿」というルールが出来あがったようなのです。

現在、日吉神社には「まさる」さんという猿が大切に飼われていますし、「鬼門」ラインをたどった所にある赤山禅院《せきざんぜんいん》の本堂の上には、鈴を持った猿が鎮座しています。この赤山禅院は陰陽道の神である泰山符君《たいざんふくん》を祭っていて、いまも五月に「泰山府君祭」を行っているほどなのですが、門前にはしっかり「比叡山延暦寺の塔中《たっちゅう》、皇城表鬼門《こうじょうおもてきもん》」と書かれていて、すっかり延暦寺「鬼門」ラインに取り込まれてしまった形になっています。

さらに「鬼門」ラインをたどると、赤山禅院の先に幸神社があります。この幸神社は「さいのかみのやしろ」と読み、猿田彦を祭神にした神社です。そう、ここもまた「猿」と関わりのある神社なのです。この神社の東北の角にも、御幣《ごへい》をかついだ猿の像が安置されています。

そして「鬼門」ラインの突当たりは、御所の東北の角にある猿ヶ辻になります。現在の御所は平安京の大内裏からかなり東寄りの場所にありますが、その東北の角は、「鬼門」よけとして四角くくぼみ、東向きの築地の上には幸神社の猿とよく似た、御幣をかついだ猿の像があるのです。

日吉神社・比叡山・赤山禅院・幸神社・御所の猿ヶ辻といった「鬼門」ラインは、まさに「猿」ロードでもあったのです。

これに対し、西北の「神門」ラインは、「天狗」ロードと言っていいでしょう。

曼殊院《まんしゅいん》にある『是害房絵巻《ぜがいぼうえまき》』には、唐の天狗・是害房が日本にやってきて、愛宕の天狗・日羅房《にちらぼう》に会うシーンが描かれています。中国中の僧を打ち負かした妖力抜群《ようりきばつぐん》の天狗である是害房は、日本の僧たちと対決するためにはるばるやって来たのですが、それより先に愛宕山の日羅房に挨拶に来たということは、中国にまで「愛宕山には日本の天狗の総領がいる」ことが知れ渡っていたことになります。

確かに愛宕山は日本の天狗界のボスである太郎坊が住むことで知られています。現在でも、愛宕山の中腹には太郎坊を祭った社があるくらいです。

中世以降になると、「天狗道」という思想が流行し、かつて怨霊として恐れられていた魂が天狗となって現世に戦さを引き起こすのだと考えられるようになりました。

そのため、愛宕山には、保元の乱で敗れて讃岐《さぬき》に流された崇徳院《すとくいん》や、承久《じょうきゅう》の乱を起こして敗れ隠岐に流された後鳥羽院、吉備真備《きびのまきび》との政争に敗れて横死《おうし》した僧の玄《げん》昉《ぼう》、惟喬《これたか》親王の即位祈願の祈祷をしながら、惟仁《これひと》親王の祈祷僧・恵亮《けいりょう》に敗れた真済《しんさい》といった、この世に怨みを持つ人々が天狗となって集まり、「いかに、この世を乱すべきか」と相談したりもしています。

愛宕山からさらに「神門」ラインを進むと仁和寺に行きつきます。ここにもまた、足利尊氏と対立して殺された大塔宮《おおとうのみや》・護良《もりよし》親王や、僧の春雅《しゅんが》、忠円《ちゅうえん》、知教《ちきょう》上人らが、天狗の姿で六本杉の上に集まって酒宴を開くというエピソードが残されていて「天狗」と関わりがあります。

そして、「神門」ラインの終点が、北野天満宮の横にある、東向《ひがしむき》観音寺になるのです。ここは直接「天狗」とは関わりはないのですが、その昔は朝日寺と呼ばれ、愛宕山を遥拝するための寺院でしたし、さらに境内には源頼光の枕元にあらわれて彼を苦しめ、渡辺綱らに退治されてしまった土蜘蛛の塚が残っているのです。なにより、すぐ横の北野天満宮は雷神を祭った神社です。「天狗」とは雷神の零落《れいらく》した姿ともいわれ、その辺にキーワードが隠されているように思われます。

雷神と天狗の意外な関係

中国で雷神といえば、『封神演義《ほうしんえんぎ》』などに登場する「雷震子《らいしんし》」が有名です。彼は雷とともに地上に落ち『周

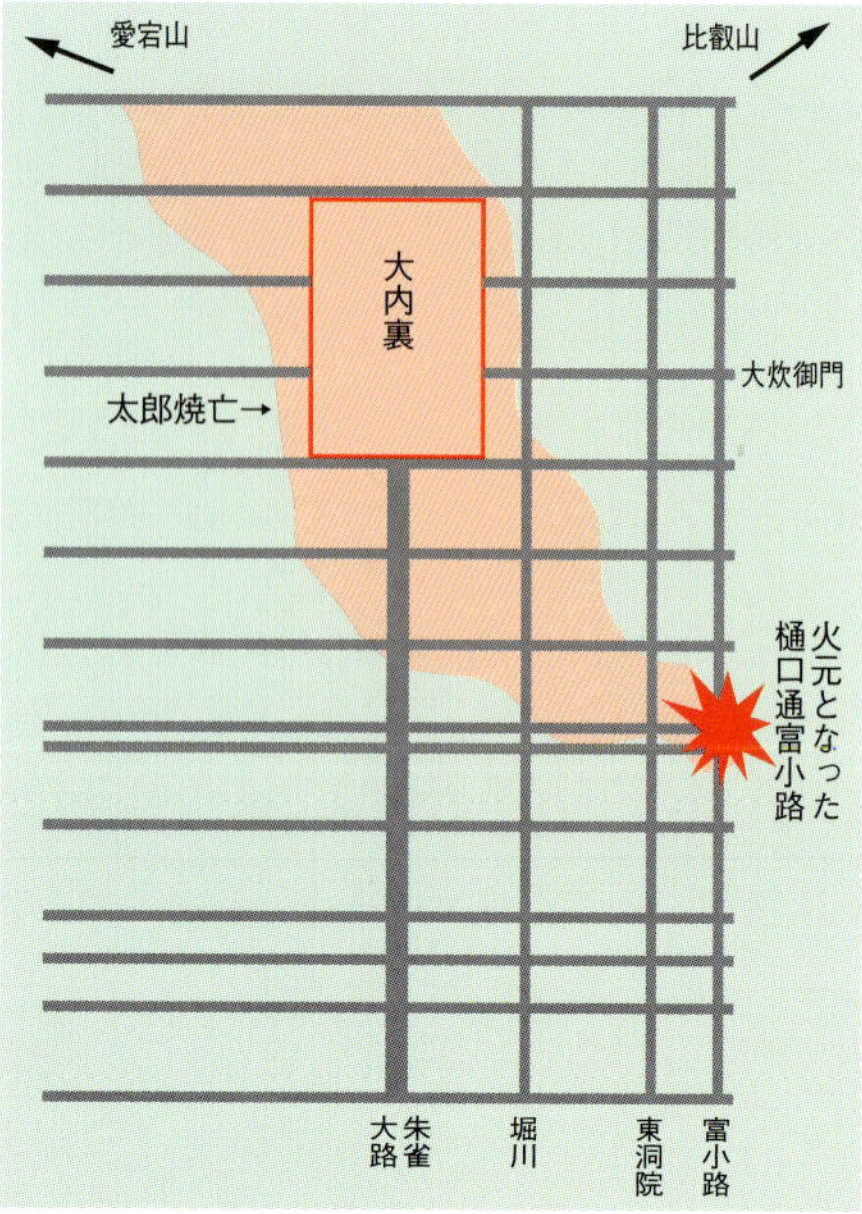

太郎焼亡で燃えた平安京の範囲

仁和寺／右京区御室仁和寺
六本杉に天狗が集まったとされる。

是害房「どこかに有名な験者《けんじゃ》か、僧はおりませんかな」
日羅房「それなら比叡の山に、憎々《にくにく》しい坊主がおりますぞ」
そう日羅房に教えられた是害房は、さっそく比叡山へ出かけていきますが、高僧たちの力の前に敗れ、すごすご逃げ帰ってきました。

日羅房ら日本の天狗たちは、是害房の傷を癒《いや》してやり、唐へ戻ると言う是害房のために、盛大な酒宴を設けました。

是害房絵巻《ぜがいぼうえまき》／曼殊院蔵

唐の天狗の是害房と愛宕の天狗の日羅房が会っているところ。

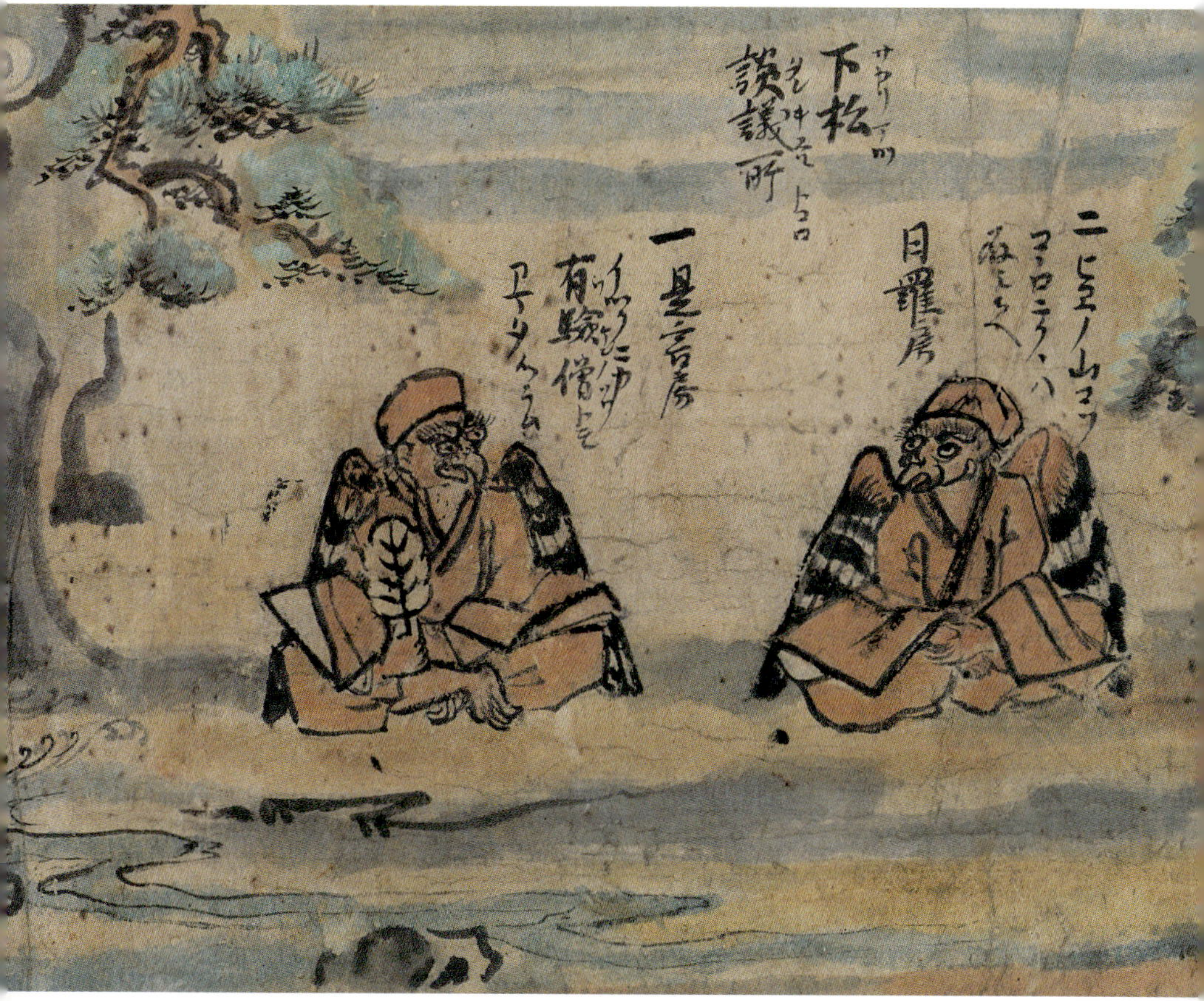

易』を作った周の文王に拾われて養子となり、長じては文王の息子の武王を助けて太公望・姜子牙《きょうしが》らとともに戦いました。武器は「黄金棍《おうごんこん》」で、打てば大音響がひびきわたり、山をも砕くというスゴイ威力を持ったもの。これは稲光と雷鳴、落雷といった雷のイメージから生み出されたものでしょう。

この雷震子が実は日本の烏天狗とソックリの姿をしているのです。

中国で「天狗」といえば、文字通り「天の狗《いぬ》」をさし、現在も道教などでは、災いをもたらす獣として恐れられています。祭壇などに祭られた姿を見ても、四本足の犬に似た獣で日本の「天狗」とは違っています。

日本の文献で最初に「天狗」が登場するのは、『日本書紀』の舒明《じょめい》天皇九年二月二十三日のことで、このとき空に星が流れ雷に似た大きな音が響いたため人々は、

「流星の音ではないか」

「いや、地雷《つちのいかづち》であろう」

などと、様々に噂しあいました。そのとき僧旻《そうみん》が、

「これは流れ星ではなく、天狗《あまつきつね》である。音は、その鳴き声だ」

と言ったというのです。

天の犬ではなく、狐になってはいますが、この時代の認識は、まだ「動物の一種」だったようです。

日本の「天狗」はおそらく、こうした動物のイメージから鳴き声が雷に似ているという点で雷神と結びつくようになり、そこへ中国の雷の神格化である雷震子の姿などが輸入された結果それらが渾然《こんぜん》一体となって、日本独自の「翼を持って空を飛び、火を自在に操る」という「天狗」のイメージが、生み出されていったのだと考えられます。

「雷神」と「天狗」。まったく接点がないようで、実は複雑にからみあう関係があったのですね。

法住寺の天狗
柴灯《さいとう》護《ご》摩《ま》供《く》で鬼を追う役目をもつ。

封神演義《ほうしんえんぎ》に描かれた雷震子《らいしんし》。
日本の烏天狗の姿と酷似している。

牛若丸と天狗の絵馬／鞍馬寺蔵　かなり人の姿に近づいている。

猿ライン

平安京と東北の比叡山を結ぶラインには猿の像を置く寺社が多い。

幸神社／上京区寺町今出川上る西入る
本殿片隅に東北の鬼門を向いた猿の像が置かれている。

赤山禅院／左京区修学院開根坊町
本殿の屋根に安置された猿神像。この猿は鬼門の東北ではなく、御所や幸神社の猿と向き合う形で西南を向いている。

猿ケ辻／京都御苑　現在の御所の東北・鬼門にあたる場所。御幣をかついだ猿の像が置かれていることからこの名がある。

第五章　陰陽道と星の神々

天文と陰陽道の祭り

古代中国で天変は、施政者《しせいしゃ》への天の叱責と考えられていました。つまり日蝕や月蝕、彗星《すいせい》など空に異変が起こるのは政治を行う皇帝に対して、天が行いを改めるようにと予兆《よちょう》を示しているのであり、皇帝が天の意を受けて行いを改めなければ地震や旱魃《かんばつ》や洪水といった様々な災いが国家に降り注《そそ》ぐのだと考えられたのです。

このため天の予兆である日蝕や月蝕がいつ起こるのか、前もって知ろうとして天文観測が発達しました。古代中国にとって天文観測とは国を守るために必要不可欠な、最も重要な仕事のひとつだったのです。

古代の日本にもこの考えは輸入されました。しかし日本では徐々に「天変は国を襲う災害の前触《まえぶ》れ」というものから、「天皇や貴族たち個人の身に降りかかる凶事の前触れ」に変わっていってしまいました。このため日本では国を守るために天文観測をして天変の時期を知るより、起こってしまった天変の意味を知ろうとする「占い」が発達したのです。さらには天変から身を守るための「祭り」や「祓《はら》い」が生み出されたのでした。

日本の陰陽寮で天文の仕事をするにあたって天文博士が手本にしたのは、唐の太史局《たいしきょく》です。太史局は天文をつかさどる役所で、ここでは日蝕や月蝕が起こる時期の予想や、天変がどのような災害をもたらすのかを予想しました。この仕事内容を参考にして、日本の天文博士たちは天の異変の意味を占ったのです。

しかし太史局では「祭り」や「祓い」など行っていません。そこで陰陽師たちは、天変に対する「祭り」や「祓い」のお手本として中国の道教を参考にしたのでした。

北辰《ほくしん》信仰と妙見《みょうけん》信仰

中国の道教において天の中央にあって動かない北辰（北極星）は、昊天上帝《こうてんじょうてい》と呼ばれる至上神であり、六世紀に元始天尊《げんしてんそん》が登場するまで最高神として位置付けられていました。また、この北辰は天帝《てんてい》とも称され、地上にあっては皇帝の星とされました。そのため毎年冬至《とうじ》の朔《さく》にあたる日に皇帝自《みずか》らが天壇において北辰を祭る郊祀《こうし》は、国家最大級の祭りのひとつとされていました。

日本では、延暦四年（七八五）十一月十日と延暦六年（七八七）十一月五日に、桓武《かんむ》天皇が交野《かたの》で昊天上帝に供物《くもつ》を供え、祭文を読み上げて郊祀を行っています。この両日はどちらも冬至の朔日《さくじつ》、つまり新月の日にあたります。加えて昊天上帝の登場する祭文はほぼ唐の祭文と同じであることからも、このときの祭りが中国の祭りに倣《なら》った道教的なものだったことがわかります。

もっとも、北辰を祭ること自体は桓武天皇以前にも盛んに行われていました。

奈良時代の末頃、近畿では「妙見菩薩《みょうけんぼさつ》」に燃燈《みあかし》を捧げる祭りが大流行していたのです。この妙見菩薩というのは、『七仏八菩薩所説大陀羅尼神呪経《しちぶつはちぼさつしょせつだいだらにしんじゅきょう》』によると「衆星《しゅうせい》の中の最勝《さいしょう》であり、神仙の中の神仙であり、菩薩の中の大将である」最強の存在で、「妙見という名を持つ北辰菩薩」のことだと書かれています。つまり妙見は、北辰（北極星）を菩薩化した呼び名だったのです。

『日本霊異記《にほんりょういき》』には、毎年、河内国の信天原山寺《しではらのやまでら》に大勢の人が集まって妙見菩薩に燃燈《みあかし》を献じ、その霊験によって盗まれた品物が返ってきたり、溺れ死にしそうなところを助かったりしたと記されています。また『類聚国史《るいじゅうこくし》』にも、延暦十五年（七九六）三月十九日に、「畿内では禁止されている北辰の祭祀が、仕事を忘れてまで盛んに行われているようだが、もはや祭るのは仕方がないとしても、人ごとに祭る日にちを定めて行うこととし、男女が入り乱れて集団で祭ることは禁止する」といった勅《ちょく》が出されているほど、庶民の北辰への信仰は大盛況ぶりを呈していました。

もっとも国家が度々「北辰信仰禁止令」を出したのは、北辰信仰そのものを禁止するためというより、この名目で男女が集まって風紀を乱す行為が行われていたため、いまでいう「風俗取締法」的な意味合いで出された命令だったようです。

その証拠に天皇による北辰信仰は年中行事のひとつとして固定化し、毎年三月三日と九月三日に行われるようになります。この三日という日は道教による北辰の降臨日に基づいて決められたもので、この日に天皇は北辰に燈を奉じる「御灯《ごとう》」という儀式を行ったのです。

桓武天皇が行った昊天上帝を祭る儀式では、供物は玉や絹、穀物や肉といったもので、中国の道教の影響を色濃く残していました。しかし後に宮中に取りいれられた「御灯《ごとう》」の方では、日は道教を取りいれているものの献

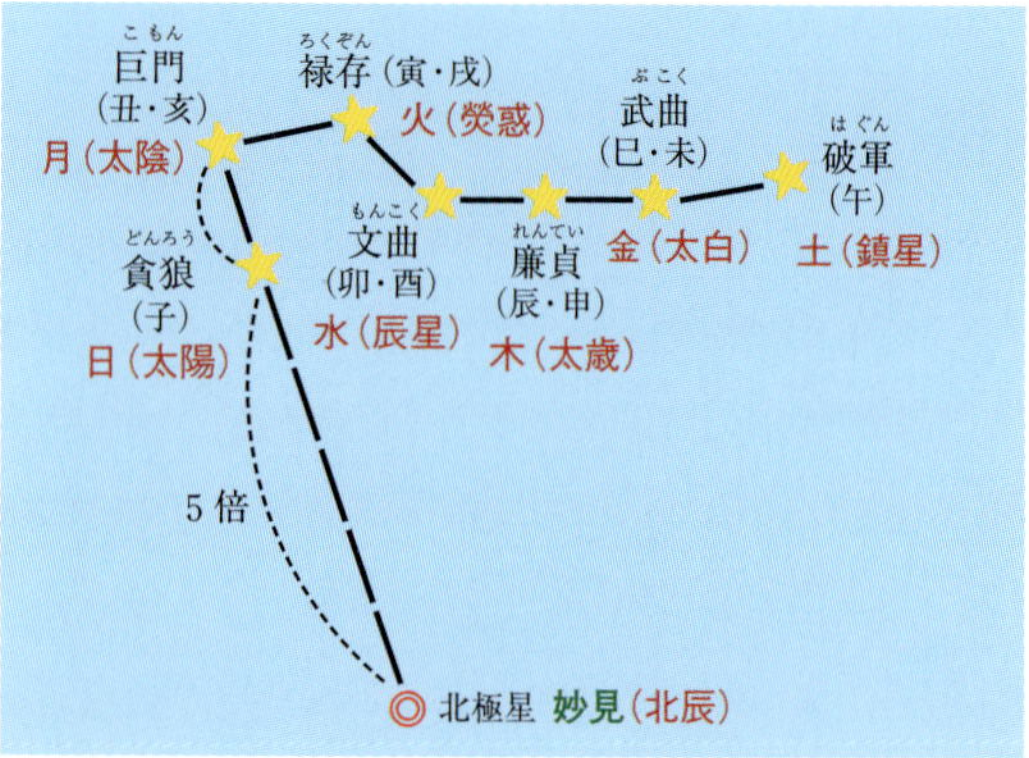

北辰（北極星）と北斗七星

岩戸妙見宮／北区鷹ケ峯　頭上に北斗七星をいただく妙見像がある。

天球儀／大将軍八神社蔵　上京区御前一条西入る
中国的星図を配置したもの。陰陽道では天文博士などが天文観測のための道具として用いた。

ずるのは灯になっていて、道教と民間の妙見信仰の影響が交じり合った混合型の祭りになっているのがわかります。

北斗七星と属星祭《ぞくしょうさい》

道教で北辰（北極星）に次いで重視されたのが北斗七星です。北斗七星は常に北辰の近くにあって、その回りをグルリと一周する星座です。そこで中国では北斗七星は天帝の乗る車であり、四方をつかさどる星だと考えられたのでした。そこから更に北斗七星は人の寿命や富貴をつかさどるという考えが生まれ、人はそれぞれ生まれた年の「干支《えと》」によって属する星（属星）が決まり、その星を祭ることによって寿命が延びたり金持ちになったりすると信じられるようになったのです。

どの「干支」の人がどの星に属するかは、『五行大義《ごぎょうだいぎ》』の「黄帝斗図《こうていとず》」によれば以下のようになります。

子　　年生まれの人　貪狼《どんろう》星
丑・亥年生まれの人　巨門《こもん》星
寅・戌年生まれの人　禄存《ろくぞん》星
卯・酉年生まれの人　文曲《ぶんきょく》星
辰・申年生まれの人　廉貞《れんてい》星
巳・未年生まれの人　武曲《ぶきょく》星
午　　年生まれの人　破軍《はぐん》星

また、子《ね》年と午《うま》年だけが、それぞれ独立して一つの星に属するのは、子と午の方位が北と南であり、これは天地を縦につなぐものだからだとなっています。

日本の陰陽道ではこの道教の北斗七星への信仰を「属星祭」という形で取りこみました。『政事要略』に神泉苑の御霊会《ごりょうえ》が行われた翌年の貞観六年（八六四）、陰陽師の弓削是雄《ゆげのこれお》が、近江介《おおみのすけ》・藤原有蔭《ありかげ》のために「属星祭」を行ったとあるように、この頃にはポピュラーな陰陽道の「祭り」のひとつとして一般の貴族の間に広まっていたようです。

こうした陰陽道の「属星祭」の流行は、密教にも強い影響を与えました。

それまで密教には星を祭る祈祷《きとう》や修法《しゅほう》はありませんでした。けれど陰陽道の「属星祭」に対抗する形で、「本命供《ほんみょうく》」や「北斗法」といった星辰を対象にした祭供や修法が行われるようになったのです。

密教の星々

星を祭るにあたって陰陽道が参考にしたのは、中国の天文学であり道教でした。これに対して密教には、インドの占星術をもとにして中国の不空《ふくう》が書き、空海《くうかい》が日本に持ち帰った『宿曜経《しゅくようきょう》』（文殊師利菩薩《もんじゅしりぼさつ》及《および》諸仙所説《しょせんしょせつ》吉凶時日善悪宿曜経《きっきょうじにちぜんあくすくようきょう》）という天文のテキストがありました。

これは「七曜」・「九曜」（九執《くしゅ》ともいう）・「十二宮」・「二十七宿」についての説明と、それぞれの星の位置関係における吉凶とが書かれたものです。

「七曜」というのは、歳星《さいせい》（木星）・熒惑星《けいわくせい》（火星）・鎮星《ちんせい》（土星）・太白星《たいはくせい》（金星）・辰星《しんせい》（水星）の「五星」に、日（太陽）と月をプラスしたもので、これに更に「羅睺《らごう》」と「計都《けいと》」を加えたものが「九曜」になります。「羅睺」と「計都」は実在しない想像上の星で、ともに皆既日蝕や皆既月蝕を引き起こす星だと考えられていました。「羅睺」はこれが太陽や月の前に来ると黄幡《おうばん》で隠されたようになって太陽や月を見えなくすることから、別名「黄幡」と呼ばれ「計都」は別名「豹尾《ひょうび》」といい、これは皆既日蝕のとき太陽のまわりに見えるコロナが豹の尻尾のようだというところから名付けられたもののようです。

「十二宮」は西洋の占星術がインドを通って、そのまま中国に持ち込まれたもので、現在の星占いでよく使われる「十二星座」と同じものです。ただ名前は中国風に訳されて「羊宮・牛宮・夫婦宮・蟹宮・獅子宮・女宮・秤宮・蝎宮・弓宮・磨竭宮・瓶宮・魚宮」となっています。

「二十七宿」は中国の天文でいう「二十八宿」の「斗《と》宿・牛《ぎゅう》宿・女《じょ》宿・虚《きょ》宿・危《き》宿・室《しつ》宿・壁《へき》宿・奎《けい》宿・婁《ろう》宿・胃《い》宿・昴《ぼう》宿・畢《ひつ》宿・觜《し》宿・参《しん》宿・井《せい》宿・鬼《き》宿・柳《りゅう》宿・星《せい》宿・張《ちょう》宿・翼《よく》宿・軫《しん》宿・角《かく》宿・亢《こう》宿・氐《てい》宿・房《ぼう》宿・心《しん》宿・尾《び》宿・箕《き》宿」から「牛宿」を除いたものです。ただし中国の天文では北極星と北斗七星を重視し、これが位置する天の中央を中宮（紫微宮《しびきゅう》）とし、それを取り巻く二十八宿を東西南北で四分割して、それぞれ東宮に位置する「角・亢・氐・房・心・尾・箕」を青龍、南宮に位置する「井・鬼・柳・星・張・翼・軫」を朱雀、西宮に位置する「奎・婁・胃・昴・畢・觜・参」を白虎、北宮に位置する「斗・牛・女・虚・危・室・壁」を玄武

天曹《てんちゅう》地府《ちふ》祭《さい》御《ご》祭典《さいてん》絵図《えず》（模本）／市神神社蔵
安倍晴明が編み出した「泰山府君祭」をバージョンアップさせた陰陽道の祭のひとつ。天皇一代の間に一度だけ行なわれ、特に土御門家が得意とした。

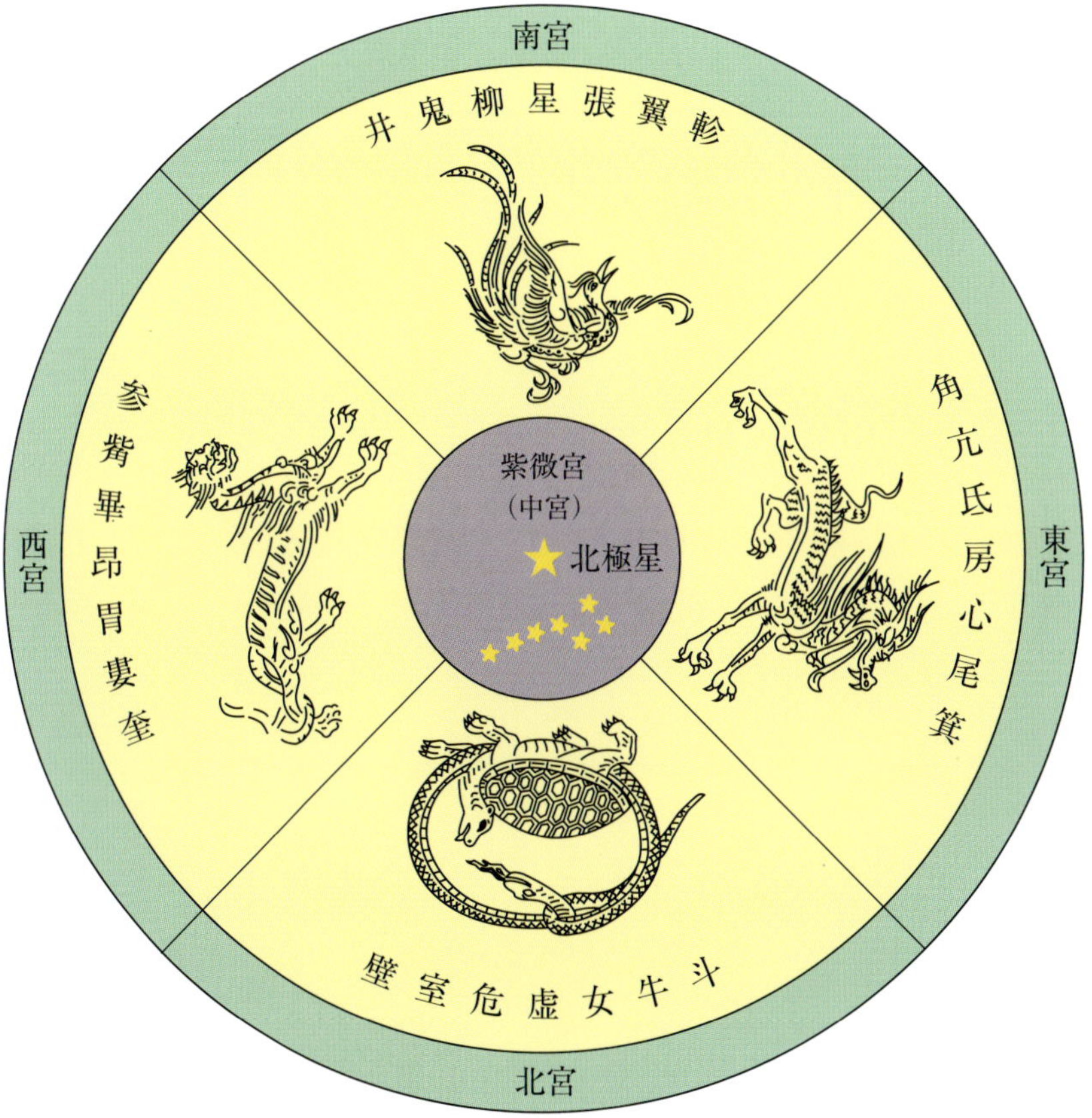

二十八宿図
密教では「牛宿」を除いた二十七宿図が用いられることもあるが、これは中国の天文学をもとにした陰陽道の二十八宿図にあたる。中央にある紫微宮と、四方を守護する聖獣の置かれているのが特徴。

としますが、インドの天文をベースにした「二十七宿」では、北極星と北斗七星はほとんど重視されず並び方も若干違います。

けれど日本の密教では陰陽道の影響で北極星や北斗七星がかなり重要視されましたし、宿も「二十七宿」より「二十八宿」の方がよく使われたようです。「北斗法」などのときに使われる「北斗曼荼羅《まんだら》」の配置をみても、中央には北極星をあらわす「頂輪王《ちょうりんおう》」が置かれ、そのまわりに「九曜」と「北斗七星」が置かれ、さらに外回りに「十二宮」と「二十八宿」が配置されるといった風に、『宿曜経』と陰陽道的天文とが合体したものであることがわかります。

これに対し陰陽道の方でも、かなり『宿曜経』の影響を受けたようです。

陰陽道のテキスト『五行大義』でいう「五星」は、「木・火・土・金・水」の「五行」に配当されます。つまり歳星は木の星なので東方・春をつかさどり、色は青なので青帝の子とされます。五星の中では「長」にあたり「福・慶」をつかさどります。熒惑星は火の星なので南方・夏をつかさどり、色は赤なので赤帝の子とされます。五星の中では「伯」にあたり「兵・乱・賊・喪・飢・疾」をつかさどります。さらに別名を「罰星《ばっせい》」「執星《しっせい》」ともいいます。鎮星《ちんせい》は土の星なので中央をつかさどり、色は黄なので黄帝の子となります。五星の中では「王」にあたり、鎮まる星なので「徳」をつかさどります。太白星は金の星なので西方・秋をつかさどり、色は白なので白帝の子とされます。歳星の長であり「兵」をつかさどります。

これで「五行説」的には完結していたのですが「七曜」に影響されてか、陰陽道的「五星」に「日・月」を加えたものが「七政《しちせい》」となり、さらに同じ「七」が含まれるためか、これが北斗七星に対する信仰と合体し「木・火・土・金・水・日・月」が北斗七星のそれぞれの星に対応して配置されるようになったのです。

大将軍《だいしょうぐん》への禁忌《タブー》

寿命や富貴をつかさどる星として祭祀《さいし》の対象となった北辰や北斗七星に対し、祟《たた》りなす恐い神としてタブーの対象となった星神もありました。それが「大歳神《だいさいしん》・大将軍《だいしょうぐん》・大陰神《だいいんしん》・歳刑神《さいぎょうしん》・歳破神《さいはしん》・歳殺神《さいせつしん》・黄幡神《おうばんしん》・豹尾神《ひょうびしん》」の「八将神《はっしょうじん》」と呼ばれるものです。

室町時代に入った応永《おうえい》二十一年（一四一四）に賀茂在方《あきかた》が記した『暦林問答集《れきりんもんどうしゅう》』によれば、「八将神」とは、それぞれ以下のような神だったようです。

〈大歳神〉
天にあっては歳星（木星）の精。地に降りては十二支の順番に一年一支をめぐり、十二年で一周する。その歳の神なので最高の吉方位だが、この方向に軍を出したりするのは大凶で犯せば疫病が起こる。

〈大将軍〉
天にあっては太白星（金星）の精。また紫微宮では方伯の神である。地に降りては東西南北の四方をそれぞれ一方三年かけてめぐる。金は「禁」でもあり、この方位を犯すものは災いを受ける。万事に凶方だが、特に家を建てたり、竈《かまど》を作ったり、井戸を掘ったり、埋葬したりと、土に関することは大凶。

〈大陰神〉
天にあっては鎮星（土星）の精。大歳の皇后。婦人関係のことに凶で、ことに妊婦は、この方位を避けて出産しなければならない。

〈歳刑神〉
天の陰の精が集まったもので、水曜（水星）の精。もともとの名は「法曹」「司馬」といったが、殺罰を与える神なので「刑」という名で呼ばれるようになった。徳を持った行いをすればいいが、少しでも悪い事をすれば、ただちに罰せられる。

〈歳破神〉
土曜の精。大歳神によって衝破《しょうは》されるので「歳破」と名付けられた。常に大歳と正反対の方向に位置する。子・午・卯・酉の位置にあるとき、この方位は運気旺盛。丑・未・辰・戌の位置にあるとき、この方位を犯せば運気は衰退する。寅・申・巳・亥の位置にあるときは、特に咎《とが》なし。また、歳破神のいる方位で牛や馬を求めることは凶。

〈歳殺神〉
金曜の精。殺陰の気が最も強く、害毒をもつ。殺気をつかさどり、万物を滅ぼすもので、最も不吉とされる。

大将軍八神社／上京区一条御前西入る
平安京の西を護るために建てられた大将軍社のひとつ。現在では星神としてではなく、方位の神として信仰を集めている。

さまざまな大将軍像

大将軍八神社蔵

大将軍像には武官姿のものと、文官姿のものがあるが、大将軍八神社には、珍しい童子姿をしたものもある。

〈黄幡神〉
天にあっては羅睺星《らごう》の精。大歳の墓にあたる。土をつかさどるために「黄」の名がある。土を動かすには凶方だが、その他に特に咎はない。

〈豹尾神〉
天にあっては計都星の精。常に黄幡神の反対側に位置する。馬や牛、犬といった尻尾のあるものを求めるには凶だが、その他に咎《とが》はない。

この中で、大歳神、歳破神、大将軍に対するタブーは、すでに奈良時代から存在していたようですが、平安時代の陰陽道が特に重視したのは大将軍でした。

四方守護のための大将軍神社

平安時代、大将軍は地上に降りてきて四方をめぐる遊行神《ゆぎょうしん》として、その方角を犯すことは重大な禁忌とされていました。そこから「方違《かたたが》え」といった、禁忌の方角を避ける方法なども生まれたのですが、もともとの中国の道教における大将軍は、太白すなわち金星の精で兵乱や戦をつかさどる神でした。そのため地上に降りては、巳《み》・午《うま》・未《ひつじ》の年には東にいて、申《さる》・酉《とり》・戌《いぬ》の年には南にいて、亥《い》・子《ね》・丑《うし》の年には西にいて、寅《とら》・卯《う》・辰《たつ》の年には北にいて、それぞれの場所で万物を外敵から守護してくれる神と考えられていました。

そのため平安京の四方位にも大将軍を祭った神社が建てられています。もっとも古いとみられるのが、平安京の北に位置する西賀茂の大将軍神社です。その他、東には三条の大将軍神社があり、西には大将軍堂（現在の大将軍八神社）がありました。南ははっきりしませんが現在藤森神社の中にある大将軍社あたりが、南方守護担当だったのかもしれません。

時代が下るとともに大将軍の強大な力によって守られようと考えるものが増えたのか、上記の四神社の他にも大将軍を祭った神社があちこちに造られました。

江戸時代に書かれた『山城名勝誌《やましろめいしょうし》』によれば当時の大将軍神社は北は大徳寺の門前にあり、南は藤森神社の中に、東は南禅寺の前に、西は紙屋川の東にあったと書かれています。ここには西賀茂の大将軍神社と三条の大将軍神社が含まれていませんが、まあ、『山城名勝誌』は今でいうガイドブックのような本ですから、観光名所に近いものをピックアップして、この二ヶ所をカットしてしまったのでしょう。

『山城名勝誌』に北の大徳寺門前にあったという大将軍社は、現在今宮神社の中に移されているものです。西の紙屋川の東にあったという大将軍神社は、現在の大将軍八神社のこと。東の南禅寺前の神社というのは現存しませんが、現在左京区一条寺にある八大神社の末社の大将軍神社が、あるいはこれが移されたものなのかもしれません。

この他にも妙心寺の前、小野郷、八坂神社の中などにも、大将軍は祭られていました。

平安時代の大将軍のイメージには衣冠束帯の文官姿のものと、鎧兜《よろいかぶと》に身を固めた厳《いか》つい武官姿のものの両方があり、現在の大将軍八神社の方徳殿《ほうとくでん》で見ることができます。

星神から疫神へ

鎌倉時代に祇園社の神人として仕えていた安倍晴朝という人物が書いたとされる『簠簋《ほき》内伝』（三国相伝《そうでん》陰陽管轄簠簋《ほき》内伝金烏玉兎集《きんうぎょくとしゅう》）という書物があります。宮中に仕える陰陽師の家系である安倍家や賀茂家に伝わる陰陽道のテキストは、それぞれの家の秘伝として伝えられるのみで、一般に流布《るふ》されることはありませんでした。しかし、この『簠簋《ほき》内伝』の方は広く流布し、室町時代から江戸時代にかけて民間陰陽道のテキストとして大いに利用されたのです。

この『簠簋内伝』の中に、祇園社の祭神であり疫神《えきじん》でもある、牛頭天王《ごずてんのう》について書かれた「牛頭天王《ごずてんのう》縁起」という一文があります。

その昔。北天竺《てんじく》の霊鷲山《りょうじゅせん》の東北にある王舎城という国に、牛頭天王という王がいました。この王の生前の姿は天刑星《てんけいせい》という名の星神で、天界の帝釈天のもとで星々の監査役を務めていました。しかし、人間界に転生した王の頭には鋭く尖った二本の角《つの》が生え、顔は恐ろしげな黄色い牛のようだったので、なかなか妻になる女性が現われませんでした。

そんな、ある日。

王宮に、天帝の使いである瑠璃《るり》色に輝く鳥が飛んできて「海のむこうの沙竭羅《しゃから》国に住む竜王の三女、頗梨采女《はりさいめ》という女性が、あなたの妻となるべき人ですよ」と教えてくれたのです。そこで牛頭天王は、八万里の

大将軍神社／北区西賀茂角社町
最も古い大将軍神社。北を守護する。

大将軍神社／東山区三条東大路西入る
都の東を守護するために建立。藤原氏の屋敷にあったものが移されたともいう。

大将軍神社／北区紫野今宮町内今宮神社内
江戸時代には大徳寺の門前に建てられていたもの。現在は今宮神社の摂社となっている。

大将軍神社／伏見区深草藤森神社
現在は藤森神社の中にある。南を守護する大将軍社。

彼方にあるという沙竭羅国をめざし、旅立ったのでした。

途中、南天竺の夜叉国《やしゃ》へさしかかったとき日が暮れてしまったので、牛頭天王は、夜叉国の巨旦大王《こたん》に一夜の宿を頼みました。しかし巨旦大王は、城門のすべてを閉ざし、牛頭天王が城内へ入ることすら許してくれません。

困った牛頭天王は巨旦大王の奴婢《ぬひ》に、郊外に住む蘇民将来《そみんしょうらい》という親切な男のことを教えられます。蘇民将来のもとへ出かけて行った牛頭天王は、心からもてなされ、さらには海のむこうの竜宮へむかうための船まで貸してもらいました。

こうして無事に沙竭羅国に到着した王は、竜王の歓待を受け、美しい頗梨采女《はりさいめ》と結婚し、総光天王《そうこう》、魔王天《まおう》王、倶魔羅天王《くまら》、得達神天王《だたつしん》、良侍天王《りょうじ》、侍神相天王《じしんそう》、宅神相天王《たくしんそう》、蛇毒気天王《じゃどっけ》という、八人の皇子をもうけたのです。

やがて牛頭天王は妻と子を連れ故郷に帰ることにしました。その途中かつての怨みを晴らすため夜叉国へ攻め込んだ牛頭天王は、巨旦大王をはじめとする一族のすべてを滅ぼしてしまいます。ただ、助言をくれた奴婢の命は助け、親切にもてなしてくれた蘇民将来には、巨旦から奪った夜叉国をそのまま与えました。さらに牛頭天王は、

「将来、私と息子たちは疫神となって再び襲い来るが、そなたの子孫であると言えば厄災からは守ってやろう」

と、蘇民将来に約束したのでした。

この「牛頭天王縁起」には、牛頭天皇と八王子が疫神になるまでのことが書かれているわけですが、さらに『簠簋内伝《ほき》』の他の部分には、「八将神というのは、牛頭天皇の八王子である」とも書かれているのです。

太歳神　総光天王《そうこう》

この方位は造作に大吉。ただし木を切ってはいけない。

大将軍　魔王天王《まおう》

この方位は万事に凶。故に世人は三年塞がりと号す。

大陰神　倶摩羅天王《くまら》

この方位は万事に凶。ことに結婚に関して凶。

歳刑神　得達神天王《だたつしん》

この方位は土を犯すと凶。兵具を収めるのに大吉。

歳破神　良侍天王《りょうじ》
　この方位は海や川を渡るのに凶。犯すと馬や牛が死ぬ。
歳殺神　侍神相天王《じしんそう》
　この方位は弓取りに凶。結婚も凶。
黄幡神　宅神相天王《たくしんそう》
　この方位は軍神旗を開くのに吉。財宝を納めるには大凶。
豹尾神　蛇毒気神《じゃどつけ》
　この方位は大小便に凶。家畜を収めるにも凶。

　賀茂家の陰陽道テキストである『暦林問答集』の内容と比べると、微妙に違う個所もありますが、ほとんどは同じです。それなのに、なぜ星と方位の神々が疫病をまきちらす疫神と同一視されるようになってしまったのでしょうか。
　陰陽道の星の神である「八将神」の中でも、特にクローズアップされたのは大将軍でした。大将軍は金星の精で「金」は「西」をつかさどります。そして疫病の多くは、西の方から都へ入ってきました。そうしたことから都の人々の中に、いつか「西は疫神の来る方位」という考え方が生まれたのでしょう。西をつかさどる大将軍も、もともとは、それら疫神を防ぐ神としてあったはずです。ところが、大将軍自体が恐い荒ぶる神の性格を持っていたことから、いつしか防疫神が疫神となってしまい、更には「八将神」と「八王子」の同じ「八」という数から、両者が合体したのではないかと考えられます。

八坂神社／東山区祇園町北側

「簠《ほ》簋《き》内伝《ないでん》」を書いた安倍晴朝が八坂神社の神人だったこともあり、陰陽道とは関係が深い。日本三大祭のひとつである祇園祭は、祭神であり疫神でもあったスサノオノ尊を鎮める祇園御霊会から生まれたものである。

宝永元年八月八将神図／大将軍八神社蔵

江戸時代、一般的にイメージされていた八将神の図。甲冑《かっちゅう》や冠、衣装などに中国のイメージが残っている。.

第六章　平安後期の陰陽師たち

新しもの好きの白河院《しらかわいん》

日本で最初に院政を行ったのは白河上皇《しらかわじょうこう》です。彼はわずか八歳の善仁《たるひと》親王に天皇の位を譲り、自身が後見役という形で政治を取り仕切ったのでした。

生前に天皇位を譲って自《みず》ら上皇となったのは、なにも白河上皇だけではありません。宇多天皇も、醍醐天皇に位を譲って上皇となり、のちに出家して法皇《ほうおう》となっています。けれど彼の場合、譲位とともに政治の実権は天皇に移り政治からは離れた存在となりました。

それが如実に現われているのが菅原道真の流罪《るざい》事件です。

宇多天皇に寵愛《ちょうあい》され、その即位期間に異例の出世を遂げた菅原道真が、醍醐天皇の御世となってから、藤原時平の陰謀によって大宰府に流されることが決まったとき、道真は、

流れゆく我はみくづとなりはてぬ
　君しがらみとなりてとどめよ

と宇多法皇に歌を詠んで救いを求めました。

宇多法皇は天皇に会って道真の流罪を取り消してもらおうと皇居に出かけて行きますが、官人や衛士《えじ》らに阻《はば》まれて天皇に会わせてもらえず、ついに道真を救うことはできなかったのです。

これをみても、上皇に政治的権力がなかったことがわかります。つまり上皇になるというのは楽隠居《らくいんきょ》になるようなものだったのです。政治の現場から離れて詩歌や管絃に興じて優雅に過ごす。それが上皇になる主たる目的であり時々オブザーバー的に意見を言うことはあっても、それは「御隠居さんの意見」にすぎず、あくまで決定権は天皇にあったのです。

しかし、白河上皇の場合は違っていました。

彼が自分の息子の善仁《たるひと》を堀河《ほりかわ》天皇とし自《みず》ら上皇となったのは、けっして楽隠居のためなどではありませんでした。白河天皇の父・後三条《ごさんじょう》天皇は、彼の次の天皇に弟の輔仁《すけひと》親王を立てるように遺言《ゆいごん》を残していました。けれど白河天皇は、どうしても自らの子供に天皇位を継

がせたいと考えていたのです。

自分が亡くなってからでは弟が天皇になってしまう。息子を天皇にするためには、自分が生きているうちに位を譲ってしまう他はない。白河天皇はそう考えたのです。しかし八歳の天皇では、実際に政治を行うことはできません。そこで白河天皇は天皇の名を息子に与えながら、実際の政治は自分が行うことにしたのでした。

こうして上皇が政治の実権を握る「院政《いんせい》」という形態が、はじめて生まれたのです。

最初は、息子をライバルから守るためにはじまった白河上皇の院政でしたが、堀河天皇が成人しても、白河上皇は政治の実権を譲ることはありませんでした。どうも白河上皇、天皇という制約された存在を離れて自由な立場から政治を動かせる「院政」というシステムが、気にいってしまったようなのです。

そうこうするうちに堀河天皇が二十九歳で亡くなってしまいます。しかし、このときライバルの輔仁《すけひと》親王は、花園の仁和寺で「三宮の百大夫《ももだゆう》」と呼ばれて隠遁生活を送っていたとはいえ、まだまだ世の人望を集める存在でした。堀河天皇の息子であり自身の孫にあたる、わずか五歳の宗仁《むねひと》親王を即位させて鳥羽天皇とした白河法皇が、「わしが守ってやらねば」と俄然《がぜん》はりきったのも無理はありません。

もちろん白河法皇の孫を守りたいという気持ちに嘘があったとは思いません。けれど一方で法皇が、自身の個人的な嗜好《しこう》で政治を行ったことも否定できないのです。

白河院は新しいもの好きで、彼の院政期には、かなりの数の新しい陰陽道的タブーが取りいれられました。従来、賀茂家では認めていなかった、出かけるのに凶の「四不出日《しふしゅつび》」や移転に凶の「八神朱雀日《はちじんすざくび》」といった禁忌、安倍家で認めていなかった神を祭ってはいけないとされる「五貧日《ごひんび》」の禁忌、子《ね》の日に占いを行なってはいけないという「四廃日《しはいび》」など、こと細かな禁忌のすべてが行われるようになったのも、白河法皇の命令によるものでした。なかでも後にわたってまで論議を生むことになったのが「金神《こんじん》」の禁忌でした。

金神《こんじん》論争

白河法皇の院政期。民間では「金神」の遊行方位を禁忌とする「方忌《かたい》み」が流行していました。

中国の『山海経《せんがいきょう》』には金神を神農《しんのう》のこととし、人であ

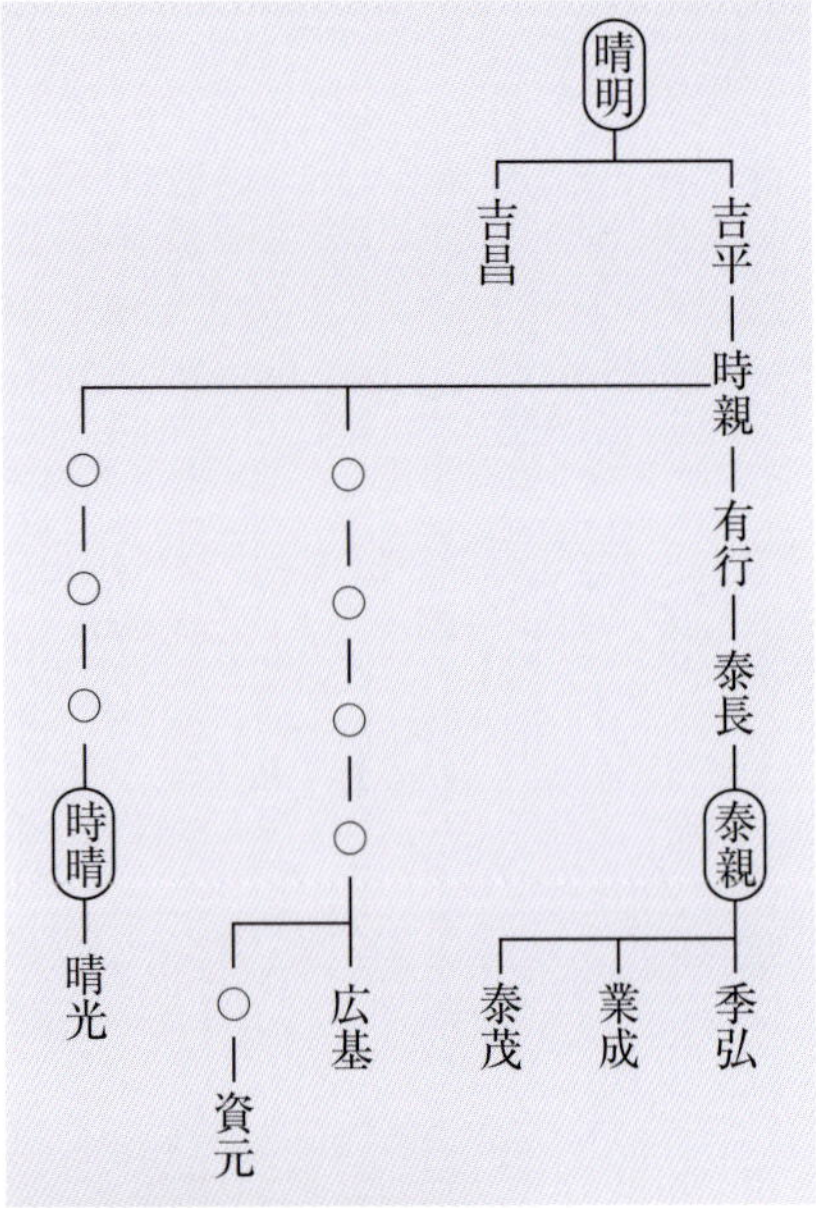

晴明からの安倍家の系図
安倍泰親の頃になると、さらに多くの晴明から派生した安倍家が存在しており、互いに競い合うようになっていた。やがて南北朝時代の安倍有世の代になると、安倍家は土御門と姓を変えることになる。

白河院の御所跡の碑／左京区岡崎法勝寺町
院政を行なった白河上皇によって都の東に新しく作られた街。平安末期には「京・白河」と並び称されるほどの繁栄ぶりだった。

法勝寺跡の碑／左京区岡崎
白河に建てられた六つの「勝」の名を持つ寺院の中で、最も巨大な規模を誇り「国王の氏寺」と呼ばれた。ここで陰陽道の「祭り」もたびたび行なわれている。

法勝寺の塔の礎石／動物園に残る法勝寺・八角九重塔の礎石
池の中の石橋になっている細長い花崗岩の石が、八角九重塔の布石に使われていたもの。

りながら虎の爪と尻尾を持つと書かれています。神農とは炎帝とも呼ばれる古代中国の伝説上の神です。人々に農業を教えた神であり、百の毒草や薬草をなめて人々に薬を教えた医学の神でもあります。『山海経』の記述以外にも牛の頭を持っているとか、上半身が獣の姿をしているとか、人間とは異なった姿で描かれることの多い神です。しかし、この神農と方位とが結びつけられたタブーは中国にはありません。おそらく「金神」というのは中国で金星のことを太白、大将軍、金神と呼んだ異名のひとつが独立して神格化したものなのでしょう。

つまり初期の頃の「金神」とは金星をさしていたのです。それが、同じ金星の神格化した大将軍が地上に降りて遊行する「方忌み」すべき神となったことなどに影響され、大将軍とは別に「金神」という独立した遊行神として新たに誕生したのだと思われます。さらに五行の「金」は「禁」に通じ「殺精」を持つ方位でもあったことから、「金神」の方位を侵すと七人が死ぬといった「金神七殺《こんじんななさつ》」の考え方も生まれたのでしょう。

これが『簠簋内伝《ほきないでん》』によると「金神」は「巨旦《こたん》大王の精魂」であり「その七つの魂が遊行して衆生を殺す」となっており、牛頭《ごず》天王に殺された敵役《かたきやく》の巨旦大王が「金神」だとされています。もっともこれは「金神七殺」が先にあり、それに辻褄《つじつま》をあわせるために「七つの魂によって衆生を殺す」などと著わしたのでしょうが、『簠簋内伝』が一般に広まるにつれて、この説が最も信じられるようになっていきます。

この「金神」の禁忌を白河法皇に上奏したのは清原定《さだ》俊《とし》という人物でした。彼は『金神決暦《こんじんけつれき》』という書物によって「金神」の方位は避けるべきであると訴え法皇がこれを用いたのです。

しかし、後に鳥羽法皇や後白河法皇の時代に「金神」の禁忌が持ち出されたときには、正規の禁忌ではないと取り上げられませんでしたし、九条兼実《かねざね》の日記である『玉葉《ぎょくよう》』にも、「金神七殺」の方位をはばかるというのは『百忌暦文《ひゃっきれきぶん》』にいうだけで、陰陽道のテキストの『新撰陰陽書』には載っていないし、賀茂保憲、安倍晴明の頃にも、まったくタブー視されていなかったため陰陽道ではこれを用いないと書かれています。

それが仁安《にんあん》三年（一一六八）六月二十二日、六条《ろくじょう》天皇が大内裏修理と中和院新造の為に「金神」を避けて「方違《かたたが》え」をしようとしたとき、時の陰陽頭《おんみょうのかみ》・賀茂在憲《ありのり》や陰陽助《おんみょうのすけ》・安倍泰親《やすちか》は、「二条天皇のときには行れているから」と「金神」のタブーを積極的に認めようとしたのです。

そこには、発生が民間であれなんであれ、新しい流行を受け入れていかざるを得ない彼らの事情がありました。

民間陰陽師の流行

白河法皇に「金神」のタブーを上奏して入れられた清原定俊は、後一条天皇の末年、長元《ちょうげん》年間に活躍した清原頼隆《よりたか》の孫にあたります。清原家は学者の家柄でしたが、頼隆は陰陽道や天文道、暦道にも詳しくその方面でも活躍していました。

それというのも、寛弘《かんこう》二年（一〇〇五）に希代の天才陰陽師といわれた安倍晴明が死亡したのち、長和《ちょうわ》五年（一〇一六）六月七日に、晴明に優《まさ》るとも劣らない陰陽道の達人・賀茂光栄《みつよし》が亡くなり、続いて寛仁《かんにん》三年（一〇一九）四月二十八日、当時としては「最高の天文占いの上手」と評された安倍吉昌《よしまさ》が死亡し、さらには万寿《まんじゅ》三年（一〇二六）十二月十八日には安倍吉平《きっぺい》も亡くなるなど、優秀な陰陽師たちが次々に世を去り陰陽道のスターがいなくなってしまったため、本来、陰陽道が専門ではない清原頼隆といった学者にも活躍の場が生まれたのでした。

また当時、こうした学者出身で陰陽道に詳しい者といった、宮中に生まれた新しいライバルの他にも、陰陽師たちを脅かす存在が続々と登場してきていました。

安倍晴明、賀茂光栄らが活躍した平安中期。陰陽師たちは天皇と国家に奉仕する律令制度の官僚から、摂関家を代表とする貴族たち個人の用を果たす宮廷陰陽師といったものに変化していき、陰陽師の呼び名も陰陽寮の官僚名から広く陰陽道に長《た》けた者を指すようになりました。

それが平安後期の院政期になると、陰陽寮に属して正規に陰陽道を学んだもの以外に、独学で陰陽道を学んで「占い」や「祓い」「祭り」を行うものも、すべて陰陽師と呼ばれるようになり、民間にも「法師陰陽師《ほうしおんみょうじ》」と呼ばれる人達が現われはじめたのです。

さらには『七曜符天暦《しちようふてんれき》』をもとに個人の運命を占う「宿曜道《すくようどう》」を行う「宿曜師《すくようし》」といった者たちも、陰陽師たちの職務を脅《おびや》かしはじめていました。

前九年《ぜんくねん》の役《えき》や後三年《ごさんねん》の役といった戦乱が世を襲い、社

金神社／左京区修学院開根坊町
陰陽道の神である泰山府君を祭った赤山禅院の境内にある。院政期に流行した金神を祭った社。

院政期の天皇関係図

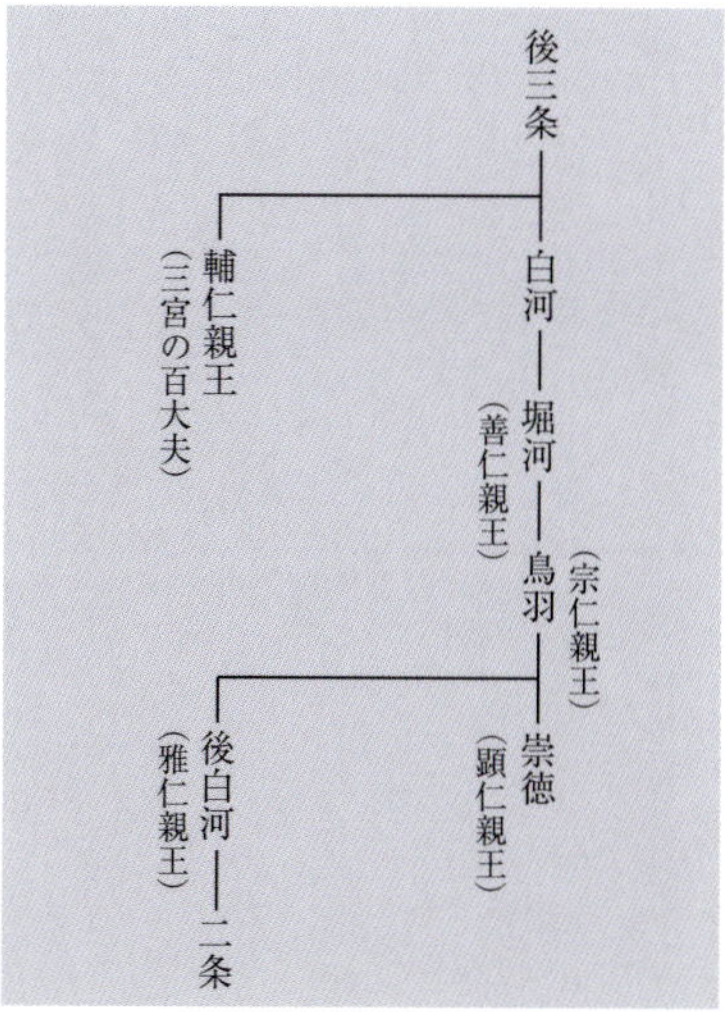

将軍塚／東山区粟田口花頂山
桓武天皇が都を守護するため、武士の像を埋めさせた塚。平清盛が都を福原に遷そうとしたとき怪しい光を放って鳴動したという。

会の先行きが不透明で心に不安が巣食うような御時世《ごじせい》の中、人々はせめて自分の身だけでも守りたいと陰陽道にすがろうとし、こうした世のニーズに応える形で、民間の陰陽師たちが増えていったのでしょう。

つまりこの時期、それまで天皇や貴族の専売特許だった陰陽道の「占い」や「祭り」「祓い」が戦乱の増加や社会不安が強まるのにともなって、より広いすそ野へと個人化していったのでした。

しかし、陰陽師が増加して社会的な広がりを見せたのとは対照的に、陰陽師自体の地位はどんどん下がっていく傾向にありました。

『宇治拾遺《しゅうい》物語』には仏の堂塔を建てるため各地に勧進《かんじん》にまわっていた慶滋保胤《よししげのやすたね》が、播磨の国で法師陰陽師と出会う話が載っています。この慶滋保胤という人は安倍晴明の師とされる賀茂保憲の弟で、陰陽道から離れて仏教に走りついには寂心という僧となり『日本往生極楽記』を書くに至った人物です。

慶滋保胤が出会った法師陰陽師は、ちょうど頭に紙の冠をつけて「祓い」を行っている最中でした。

「法師の身なのに、なぜ紙の冠をつけているのだ?」

慶滋保胤の問いに法師陰陽師は、「祓いの場所を守っている神は法師を忌《い》むので、祓いの間だけは冠をかぶって剃髪した頭を隠しているのです」

と答えます。熱烈な仏教の信徒である慶滋保胤は、「祓いの神の怒りは恐くても、仏の怒りは恐くないのか」

涙ながらに訴えましたが、

「おっしゃることはわかります。でも、こうでもしなければ暮らしていけないんです」

法師陰陽師も、生きるためには仕方ないのだと切り返しました。

これを聞いた慶滋保胤は仏塔を建てるために集めた金をすべて彼に与え、京へ帰ったのでした。

これをみても当時の下級陰陽師の苦しい暮らしぶりがうかがえます。

けれど、華やかな宮中に仕える宮廷陰陽師も、こうした法師陰陽師を笑ってばかりはいられませんでした。

治承《じしょう》二年(一一七八)十一月十二日。平清盛の娘で高倉《たかくら》天皇の中宮・徳子《とくこ》が、六波羅の池殿でのちの安徳《あんとく》天皇となる男子を出産しました。そのとき「御祓《みはらい》」のために呼ばれた安倍時晴《ときはる》は、ほとんど供の者もつれずにやってきて、大勢のものが集まっている中を押し退け押《の》し退け通るうちに、片方の沓《くつ》は脱げてしまうわ、冠は飛ばされるわで、公卿《くぎょう》や殿上人《でんじょうぎと》の笑い者になってしまうのです。この時の彼の官位は従四位上で、身分的にはそう低くありません。けれどスターとして持てはやされていない陰陽師の生活は、けっこうツライものだったようです。

この時代、もはや宮廷陰陽師たちも古い権威の上に胡座《あぐら》をかいて、安閑《あんかん》としてはいられなくなっていたのです。

「指すの神子《みこ》」と呼ばれた安倍泰親《あべのやすちか》

衰えかけた陰陽師の権威を回復すべく、新たに登場したスター陰陽師。それが安倍晴明の五代末の子孫、安倍泰親です。

『平家物語』に描かれる安倍泰親は雷にあたって衣を焼いても生きていたといい「天文は深淵を極め瑞兆《ずいちょう》は掌《たなごころ》を指《さ》すが如し」で、占って当たらないことはないため「指《さ》すの神子《みこ》」と呼ばれていたといいます。

実際、泰親の家に落雷があったのは事実らしく左大臣・藤原頼長《よりなが》も、法勝寺に詣でた鳥羽法皇に、泰親が占いで内裏《だいり》の火災を言い当てた話をして、「普通陰陽道では十のうち七つ当たれば神としますが、泰親は七、八が的中し、上古に恥じない名手です」と彼を絶賛しています。

さらに『平家物語』には治承三年（一一七九）十一月七日、夜半に地震が起こった次の朝、参内した泰親が「緊急事態でございます」と言ってはらはら涙を流したと書かれ、これは二週間後に後白河法皇が、平清盛によって法住寺から鳥羽の離宮に移され幽閉《ゆうへい》されることを彼が予知したためとなっています。

また、後白河法皇が鳥羽殿に幽閉されてしばらくしてから、離宮の中に多数の鼬《いたち》が走るという怪事が起こりました。驚いた法皇が白河に居た泰親に使いをやって占わせたところ、

「三日のうちにお喜びがあり、お嘆きもある」

という勘状《かんじょう》が届きます。

その後平清盛が幽閉を解いたため、後白河法皇は都へ戻ることができましたが、泰親が言った「三日のうちの喜び」とは、この事を指していたのだといいます。そして、「嘆き」とは、三条高倉御所にいた以仁王《もちひとおう》が、源頼《より》政《まさ》の勧めによって平家打倒の挙兵を企て、敗れて行方不明になった事件をさしていたのでした。

さらに『玉葉』には治承四年（一一八〇）十一月二十四日、九条兼実《かねざね》のもとにやってきた泰親が、「今月は天

後白河法皇像／法住寺蔵　東山区三十三間堂廻り町

後白河法皇陵／東山区三十三間堂廻り町

三十三間堂／東山区三十三間堂廻り町
かつて後白河法皇が住んだという蓮華王院跡。

変が十度も起きました。平氏にとって大事が起き、天下に大葬《たいそう》（大規模な葬儀）があるでしょう」と述べたとあります。

この五ヶ月前には、平清盛が都を福原へ強行に遷都し、泰親が進言を行った十一月になって再び京へ戻すということが行われていました。福原遷都の際には、東山の華頂山《かちょうざん》山頂にある将軍塚が鳴動するなど天変怪異が相《あい》継《つ》ぎ、世の不安は最高潮に達していたのです。

そして泰親の言葉通り翌年二月に平清盛が死去し、平家は木曾義仲《よしなか》の軍に惨敗して都落ちを余儀なくされたのでした。「天下の大葬」「平氏の大事」と、ともに泰親の予言が当ったことになります。

蚩尤旗《しゅうき》の出現

現在、テレビや雑誌の占いなんかで、こっちは「今日はラッキーデー」といっているのに、別のところでは「今日の運気はイマイチ。ついてない一日でしょう」といっている、なんてことよくありますよね。これは占いのもとになっているもの（星占いの場合はホロスコープ）が同じでも、解釈の違いから生まれてくるのです。

院政期にもこれに似たことが起きました。

元暦《げんりゃく》二年（一一八五）正月五日。巽《たつみ》の方角に奇妙な赤い気が観測されました。

安倍季弘《すえひろ》、泰茂《やすしげ》、業俊《なりとし》らは、これを「彗星《すいせい》」と上奏しますが、安倍時晴《ときはる》、晴光《はるみつ》は「客気《かっき》」（一時的に気が動いたことによって起こる現象）と主張。さらに安倍広基、資元《すけもと》らは「蚩尤気」だと訴えました。

蚩尤というのは古代中国で兵乱を起こして黄帝《こうてい》に滅ぼされた伝説の諸侯の名前です。『龍魚河図《りゅうぎょかと》』によれば、蚩尤は鉄の頭に獣の身体を持ち、八十一人の兄弟がいたといいます。彼らは雨や風を自由自在に操《あやつ》り人を殺しては無道の限りを行うので、ついに黄帝によって滅ぼされ胴と首を別々に葬られました。司馬遷《しばせん》の書いた『史記』には人々が、その墓を「蚩尤塚」と呼んで、戦争の神である「兵主」として祭ったとあります。さらに「蚩尤塚」からは、毎年十月になると赤い旗のような気が立ち上ったので、人々はこれを「蚩尤旗《しゅうき》」と称したというのです。

また、陰陽道のテキストとしてもよく引用される、前漢の武帝のころ董仲舒《とうちゅうじょ》が書いたという『春秋繁露《しゅんじゅうはんろ》』では、夏に雨を祈るとき蚩尤を祭るとあり、そのとき赤い服を着た七人の男が舞うと記されています。儀式では祭官の服も赤で、赤い旗を立てたとありますから「赤」＝《イコール》「蚩尤」となり、赤い気を「蚩尤旗」と呼ぶようになったのかもしれません。

ともかく、元暦二年の「赤い気」出現騒動では「彗星」とした安倍季弘、泰茂、業俊も、「客気」とした安倍時晴、晴光も、「蚩尤気」（蚩尤旗）だと訴えた安倍広基、資元らも、ともに「近く平家が滅びて源氏の天下になる」予兆だという点では一致していました。

実際、この年の三月二十四日に、平家は壇ノ浦の合戦に敗れて滅亡していますから、三者の予言はあたったことになります。

占いの結果が当ったなら根拠なんかどうでもいいじゃないか、と思うのは現代人の我々だからで、当時の陰陽師たちにとって根拠の差異は大問題でした。

九条兼実も、

「星の形をしていないのに、なぜ彗星というのか？」

と安倍泰茂に問いかけ、「治承元年、やはり同じ天変が起こったとき、泰親がこれを彗星といっています。このとき息子の季弘は蚩尤気だといって反対しましたが、泰親が天に祈って、間違っている方に天罰を下し給えと訴えたところ季弘が重病となりました。これは泰親の彗星説が正しかった証拠です」

という返答を受けています。さらに泰茂は、重病となった季弘は、泰親が再び天に祈って命乞いをしたため元気になったのだと、スター陰陽師の泰親の凄さを全面に押し出す形で「彗星説」の正しさを訴えましたが、どうも兼実は納得しなかったようです。

この頃になると、同じ安倍家の中でも勢力争いが起きてきており、もともとのテキストは同じでも解釈が違ったり、それぞれの家の口伝《くでん》があったりで、占いの根拠にも様々な説が出てくるようになっていました。

それだけ陰陽師たちによる占いの信頼度が落ちていたわけであり、陰陽道による占いの神秘性が低下しつつあったともいえるでしょう。

そんなとき法皇や天皇、貴族たちが最も重視したのは、根拠よりも占う人そのものの力量でした。

今も昔も「よく当たる占い師」には、人気が集中したものとみえます。

黄昏《たそがれ》ゆく陰陽師たち

平安中期、安倍晴明や賀茂保憲、光栄といったスター

鳥羽離宮跡公園／伏見区中島御所ノ内町　かつて、鳥羽離宮の南殿があった。

城南宮／伏見区中島宮ノ後町

秋の山／伏見区中島秋の山町鳥羽離宮跡公園内
鳥羽離宮の南殿の築山が、今もそのまま残っている。

北向不動院／伏見区竹田内畑町　鳥羽法皇の勅願によって離宮内に建てられたもの。

陰陽師が登場したことと、天皇から摂関家《せっかんけ》へと仕える対象を広げたことによって、陰陽師の活躍は目覚しい広がりをみせました。それが院政期になると比較的自由な立場にある上皇や法皇が、民間の陰陽師の意見を用いたり、宿曜師《すくようし》たちを重用したりしはじめたため、安倍家や賀茂家といった陰陽道の名門も、これに対抗するのに必死にならざるを得ませんでした。

そして安倍家では、安倍泰親というスター陰陽師を生み出したことで、衰えかけた信用を再び盛り返すことに成功したのです。

泰親の子、泰茂もまた、園城寺《おんじょうじ》の公顕《こうけん》僧正の病気を「泰山府君祭」や「天曹地府祭《てんちゅうちふさい》」を行って治したり、九条兼実のために度々「泰山府君祭」を行ったりして、「末世《まっせ》の珍重《ちんちょう》、一道《いちどう》の名誉《めいよ》」と高い評価を受けました。また、泰親のもう一人の子、季弘も「当代の名士」として、かなり評価されていました。

しかし、その後は安倍家でも賀茂家でも目立ったスター陰陽師を出すことができず、陰陽道そのものは室町時代にかけての不安定な世情を受けて活況を呈したにも関わらず、陰陽師自体の社会的権威は、どんどん下がっていきました。

そして、神として崇められた安倍晴明のような陰陽師は、二度と再び登場することはなかったのでした。

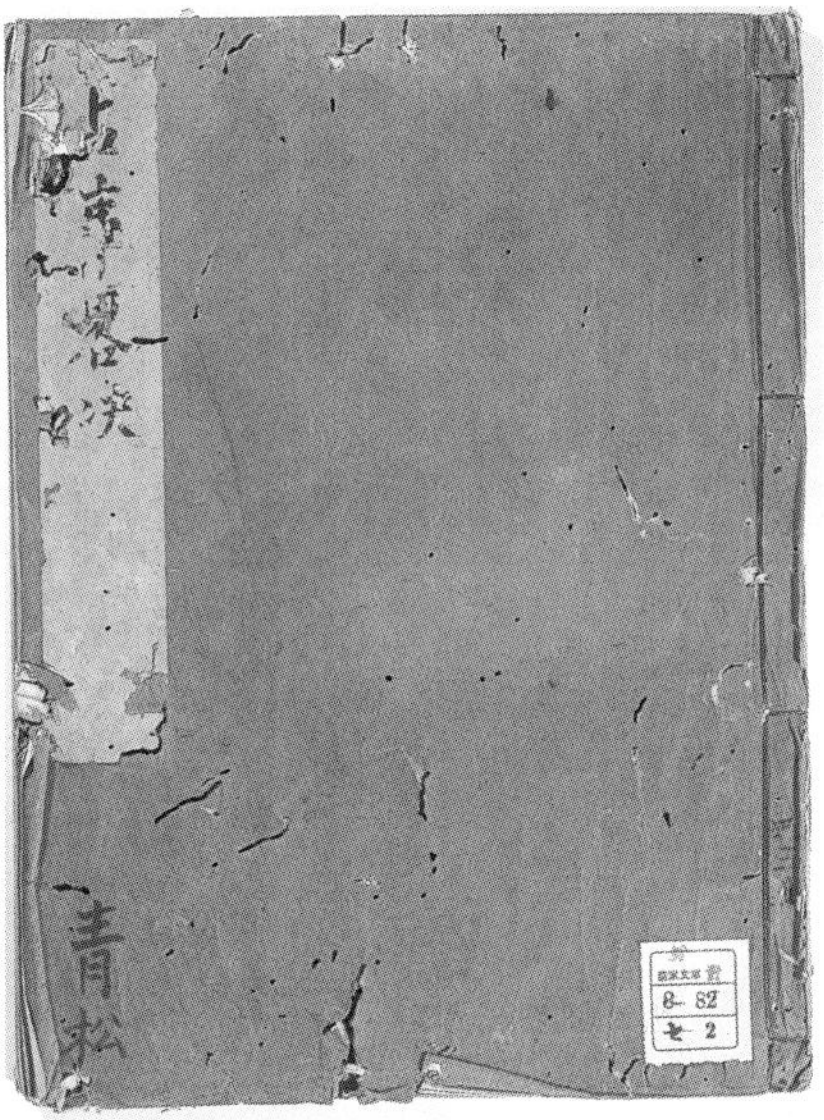

占事略決《せんじりゃっけつ》**（鎌倉時代）**／**京都大学附属図書館蔵**
安倍晴明が天元二年（九七九）に書いた六壬式占い書。式盤の組み合わせ方や、占いの結果となる推断の求め方などが記されている。

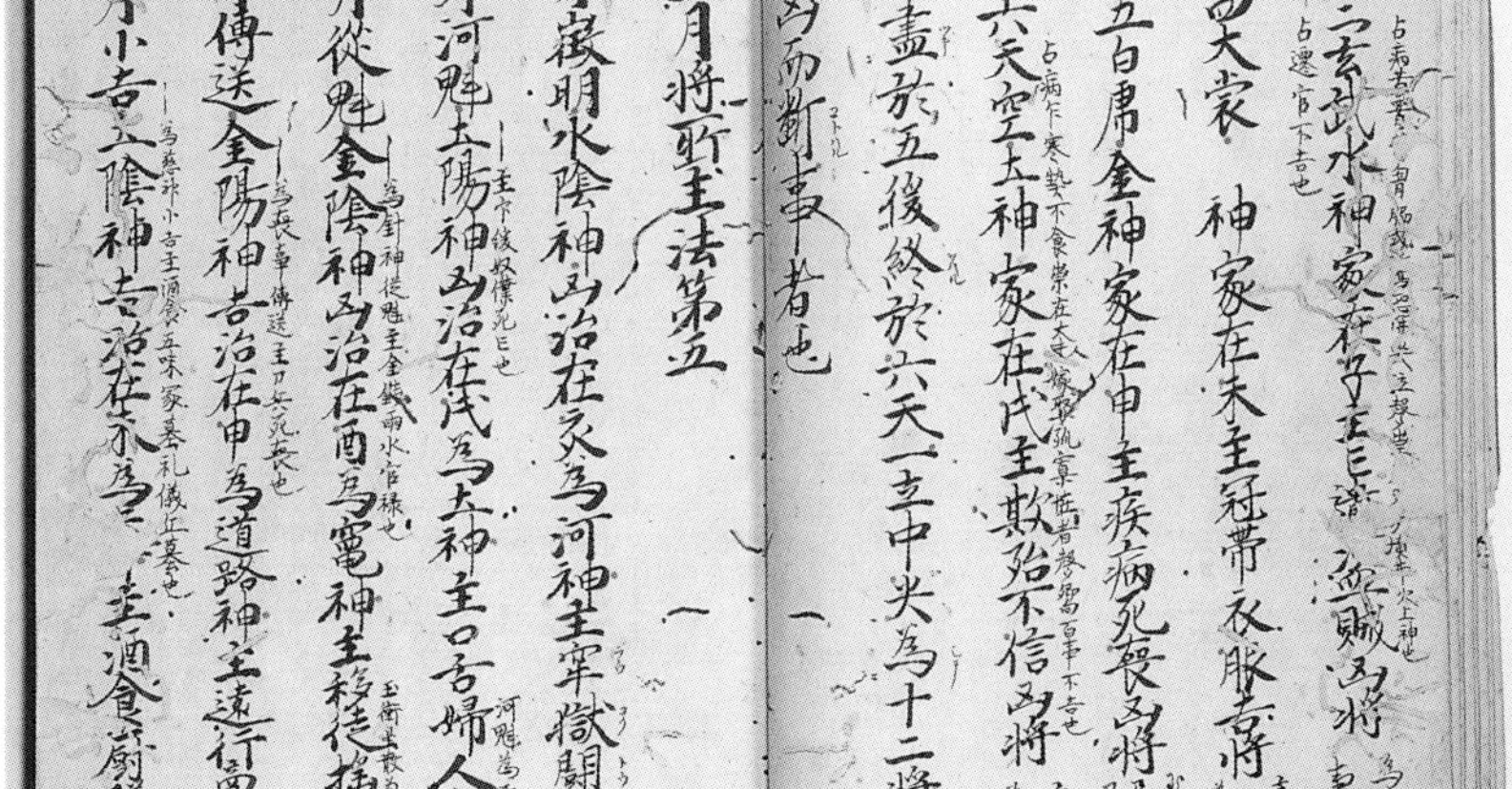

あとがき

陰陽道や陰陽師と聞いて、皆さんは、どんなイメージを持たれますか？

「なんだか最近、よく耳にはするけれど……」

具体的な事については、あまり解らないといった方が多いのではないでしょうか。

陰陽道とは、中国の陰陽五行説をもとに、道教や仏教などを取り込んで、日本で独自に発展していった、学問であり、科学であり、占いであり、宗教であったりもします。そして陰陽師とは、そうした陰陽道をもとに、占いをする占い師であり、天文観測をする気象予報士であり、カレンダー製作者であり、祈祷師でもありました。式神を使う点では、超能力者やマジシャンみたいな存在だったともいえます。

「なんだか、ますます解らない」

そう思われるのも当然。実は、陰陽道や陰陽師というものが持つ内容や、所属するカテゴリーは、時代とともにドンドン変化しているのです。つまり、ひとくちに陰陽道、陰陽師と言っても、同じものを指しているわけではないのです。「陰陽」という読み方でさえ、「いんよう」から「おんよう」へ、やがては「おんみょう」へと時代によって様々に変化しています。「いんよう」が指していたものと「おんみょう」が指すものとは、おのずから違っていますし、また、平安時代の「陰陽師」と江戸時代の「陰陽師」も、まったく別物といっていい存在だったのです。

このように様々な意味を持ち、時代とともに変貌していった陰陽道と陰陽師ですから、カンタン即席インスタントで理解するのは、なかなかに難しいことと思います。

でも、この本を読めば、そうした疑問を一挙に解決、陰陽道と陰陽師の変遷をたどりながら、その時代時代に彼らが果たした役割までをも徹底検証、これさえ読めば陰陽道と陰陽師のことがすべてわかる！と言いたいところなんですが、ザンネンながら陰陽道って本当に奥が深くて、この本で紹介できたのは、ホンの入口、入門部分だけです。

日本のオリジナルである陰陽道は、天武天皇によって陰陽寮が作られてから国家の管理する技術・思想として整備されはじめ、安倍晴明、賀茂保憲、賀茂光栄といった、平安中期の天才的な陰陽師たちの手によって完成し、それ以後、室町時代までが最も発展し隆盛を極めた時期になります。

この本では、陰陽師たちが最も精彩を放っていた平安時代を中心に、彼らの生きた平安京と陰陽道の関係に主なスポットを当て、陰陽道と陰陽師の変遷について、なるべく分かり易くカンタンになるようにと心がけて紹介してみました。加えて、陰陽道関係の史蹟や寺社仏閣、陰陽師たちとかかわりのあった場所など、陰陽観光名所の紹介も盛り込んでありますので、陰陽道を知りたいという方の入門書にしてもらうのも良いですし、陰陽道や安倍晴明をめぐるスポットのガイドブック代りにしてもらっても良いかと思います。

よく知っている神社や道路、ただの建物も、陰陽道や安倍晴明のフィルターを通してみると、まったく違った不思議でマジカルな平安京の姿に見えてくるかも？

もしも、この本が貴方にとって、知っているようで知らない陰陽道、有名なのに謎だらけの安倍晴明と陰陽師たちへの理解の一助となり、そして、万華鏡のように移り変わる陰陽道の旅へのスタート地点になれたなら、これ以上の喜びはありません。

京の太秦にて　　川合　章子

二〇〇三年十月

【掲載写真&図版の索引】

◆著者プロフィール◆
川合章子（かわいしょうこ）
大阪生まれ。中国留学より帰国後、京都に移り住む。「封神演義」「今古奇観」など、中国古典の翻訳に取り組んだ後、平安時代の京都や陰陽道についての著述を開始。著書に「安倍晴明＆陰陽師がよくわかる本」「源氏物語ワールド思いっきり攻略本」（講談社）などがある。近著には、京歩きをまとめた「京のしあわせめぐり５５」（紫翠会出版）や「新撰組おでかけＢＯＯＫ」（共著、光栄）などもある。

《写真協力》
晴明神社　大将軍八神社　幸神社
鞍馬寺　庚申堂　曼殊院　法住寺
長仙院　市神神社　白峯神宮
上御霊神社　下御霊神社　乙訓寺
今宮神社　広隆寺　伏見稲荷大社
石清水八幡宮　山住神社　遍照寺
平安神宮　松尾大社　崇道神社
神泉苑　延暦寺　神護寺　仁和寺
八坂神社　三十三間堂　城南宮
円光寺　梅林寺　鎌達稲荷神社
赤山禅院　北向不動院　金蔵寺
岩戸妙見　東向観音寺
東京国立博物館　京都国立博物館
京都大学附属図書館　読売新聞社
梶川敏夫　水田玉雲堂
（順不同　敬称略）

陰陽道と平安京　安倍晴明の世界

2003年11月13日　初版発行

著　者　川合章子
写　真　横山健蔵
発行者　納屋嘉人
発行所　株式会社 淡交社
本社　〒603-8691　京都市北区堀川通鞍馬口上ル
営業　TEL 075-432-5151　編集　TEL 075-432-5161
支社　〒162-0061　東京都新宿区市谷柳町39-1
営業　TEL 03-5269-7941　編集　TEL 03-5269-1691
http://tankosha.topica.ne.jp
印　刷　大日本印刷株式会社
製　本　株式会社 オービービー

ISBN4-473-03116-0